华 业◎编著

从小培养

北大女生的24堂课

石油工业出版社

图书在版编目（CIP）数据

从小培养北大女生的24堂课 / 华业编著.
北京：石油工业出版社，2011.3
ISBN 978-7-5021-8165-9

Ⅰ．从…
Ⅱ．华…
Ⅲ．女性–家庭教育
Ⅳ．G78

中国版本图书馆CIP数据核字（2010）第242869号

从小培养北大女生的24堂课

华业　编著

出版发行：石油工业出版社
　　　　　（北京安定门外安华里2区1号楼　　100011）
　　　　　网　　址：www.petropub.com.cn
　　　　　编辑部：（010）64523643　　营销部：（010）64523603
经　　销：全国新华书店
印　　刷：天津冠豪恒胜业印刷有限公司

2011年5月第1版　　2020年4月第2次印刷
710×1000毫米　　开本:1/16　　印张：16.5
字数：240千字

定价：48.00元

前言

　　静静地坐在未名湖畔，欣赏着它的高雅、宁静，悠然漫步于燕园的绿荫古道，汲取文学的芳香，走进北京大学是无数女孩子欣欣向往的地方，因为那里有她们的梦，有她们的理想，那里是她们的乐土，是她们的天堂。而让自己的女儿健康快乐地成长，顺利地走出青春期地迷惘，进入像北京大学这样的名牌大学深造，做一名优秀的女生更是每位家长对孩子的殷切期望。

　　女儿是上天赐予父母的礼物，是父母的掌上明珠，寄托着父母深深的关爱与希望。作为父母如何教育好自己的孩子，是其最重要的事情之一，而家庭教育的成败也直接决定着女生教育的成败。权威专家深入剖析教育女生的精髓，提倡用最契合女生心理特征、成长规律的方式教育女生。

　　女生一般都具有天性细腻、敏感和举止矜持的特点，因此，作为父母我们在教育女孩的过程当中，不能把教育男孩的那种方法运用进来，而应该根据女孩子的性格特点区别对待，注重女孩的特殊性。培养女儿不是靠时间和钱的堆积就能起到良好效果的，教育要靠方法，方法不对就会南辕北辙。世界上没有平庸的女生，只有教育方法不得当的父母。比如，女生

的个性除受先天遗传因素的影响外，更重要的是受后天环境的培养，拥有好性格是女生的终身财富，而女生性格的培养离不开父母的影响。

父母教育女生，要先进入女生世界。比如，父母既要当好女生的监护人，又要当好女生的学习榜样。父母培养了不起的女生，就要让她拥有一种超凡的气质、一个良好的习惯、一个优秀的品格、一个受人喜爱的性格等。

父母希望女儿成为一个什么样的人，打算如何培养她？想要让她过一种怎样的生活？如果各位父母以前从未想过，那么，就先看看这本书再好好考虑。父母要有一个明确的教育定位，积极地暗示自己朝着目标去努力。不要害怕女儿不会成功，父母只要坚持用科学的方法教育女儿，成功就一定是可以实现的。

本书采用众多教育事例，突出生活中各种各样的教育细节，为家长进行具体的教育指导。全面分析了女生的独特个性特征与心理特征。并针对女生的性别特征和成长过程中经常出现的问题，提出了具体的指导建议。全书按照"课堂"的方式分类，总共分为24堂课，内容以实用技巧为主，少谈道理，多谈方法，逐步深入。

最后，希望这本书能够让各位父母有所借鉴、有所感悟，从而提升自己的教育素养，在日常生活的点点滴滴中，为女儿积蓄成功的能量，给自己女儿将来的幸福多加一个筹码。

Contents
目录

第一堂课

北大女生是个健康快乐的小天使

女儿就像是上天赐给父母的礼物。含在嘴里怕化了，捧在手里怕摔了。父母看着女儿一天天的长大，变得越来越漂亮，真是一件非常幸福的事儿。为了女儿能够健康快乐地成长，父母应该尽可能地抚养好自己的孩子，为女儿的健康成长营造一个良好的环境，不要使北大女生输在起跑线上。

1. 一天给女儿讲一个故事，能增加女儿的幸福感

　　如果希望自己的女儿聪明，成为北大女生，那你就每天给她讲一个故事。在听的过程中，女儿锻炼了抽象思维能力，这是一种早期教育的好方法。孩子都爱听故事，不管她是否听得懂，父母都要给她讲，这样不仅会让她和父母的感情越来越亲密，还会大大增加女儿的幸福感。

　　处于幼年时期的女孩特别喜欢听父母讲故事，所以他们缠着父母要求听故事是正常的需要。可是，现在很多父母由于工作繁忙，常常会忽略女儿的需要。孩子还处在成长阶段，父母切不可由于自己的原因，而疏远了自己的女儿，错过了教育女儿的好机会。女儿需要从父母那里获得亲切感和交流互动，这是父母应该给予的。

　　（1）一天一个小故事，可以让女儿更爱你。女孩都喜欢听故事，而且特别喜欢听父母给他们讲。讲故事可以使女儿与父母的关系变得更加亲密无间。父母给女儿讲故事的过程，就是在和女儿交流的过程。比如：女儿会根据故事提出很多问题，希望从父母那里获得答案。久而久之，父母会在女儿心中树立起威信。同时父母给女儿讲故事的时候，会伴有很多身体语言。比如彼此之间目光的交流、女儿依偎在父母的怀里，会产生出温馨的情感和无穷的乐趣。

　　父母不要觉得女孩年龄小，即使给她讲了也不一定能够听懂。父母讲故事确实需要考虑女孩的理解能力，但是就算是不能够理解故事的内容，也不会影响她们亲近父母。

（2）一天一个小故事，女儿变得更聪明。最近，日本研究人员使用一种名为fMRI（机能磁场共鸣画像法）的装置跟踪儿童的大脑活动，结果发现，儿童大脑中名为"大脑边缘系"的部分发生了剧烈活动。最终证实，父母多给孩子讲故事不仅能增进亲子间的交流，更可促进儿童大脑发育，帮助儿童生成喜怒哀乐等多种情绪。"大脑边缘系"负责生成喜怒哀乐等各种情感，并催生这些情感所对应的行为。这一部位对于儿童的非智力因素的发育起着十分关键的作用。

父母在给女儿讲故事的时候，可以培养女儿的想象力，如为故事虚构景物、人物、声音、情境及气味等。女儿的想象力影响着她的智力开发。父母不要认为孩子获取知识的渠道很多。电视和广播都可以听故事，但是这种传播途径是一种单向传播，不具有互动性，也就是说媒体播什么，孩子就听什么。女儿虽然听着故事，但却是被动接受，没有参与性。每个女孩的情况不一样，父母可以根据孩子的特点选择不同的故事。孩子听不懂的时候，就给她讲解，获得新的知识。

如果女儿已经到了学龄前，父母可以试着教她认识几个字。不要给孩子压力，不需刻意去一个字一个字地教，可以在讲故事时用手一个个点你念的字，看久了，女儿自然就认得了。父母不要忽视孩子的"智慧"，不要先去"预设"一些目标，让孩子在轻松的氛围下听故事，反而女儿的聪明常会吓父母一大跳呢。

父母给女儿讲故事很重要，但是讲故事也有一些诀窍。

女孩爱听什么样的故事？父母给女儿讲一件有关她自己或在家庭里发生的真实事情，这样的故事会使她感到自己是故事的主角，或者感到生活的真实性。父母可以以这样的开始来引起女儿的注意。比如"我还记得当你……的时候……"虽然不太像个故事，但也可以让她听得入迷。女孩还喜欢听一些童话故事，公主与王子等。父母在讲了故事后，要引导她分辨

世界上的善与恶、美与丑。父母可以选择那些带有艳丽色彩、可爱插图的书籍，给女儿讲。你们一起抱着这本书阅读，女儿看着这些插图，听着父母温柔的声音，感受到父母的温暖，陶醉在幸福之中。

讲故事与读故事是两个概念，父母千万不要混淆。

蒙蒙的爸爸抱怨说："3岁的宝贝女儿最喜欢听故事，所以我很认真地给他讲故事。可是，当我非常专注地按照书上读的时候，故事还没讲完，女儿就已经'逃离现场'，只留下自尊心受伤的我。唉！怎样才能让女儿喜欢听我讲故事呢？"

父母给女儿讲故事需要融入自己的情感与诉说，单调、生硬、很长的故事是无法吸引女儿的注意力的。父母也要注意女儿的年龄特点来讲故事，试着模仿女儿说话。父母讲故事要有具体形象，有利于女孩联想现实生活的事物。年龄小的女孩，常常是看见什么想什么，如讲小猫的故事，父母一边说，一边表演，这样女儿既感兴趣，又能培养女儿的注意力。不要觉得难为情，只要女儿喜欢听故事就不是徒劳。

听父母讲故事是女儿童年的重要回忆。通过讲故事父母与女儿之间的感情更深厚，又能培养女儿的抽象思维和语言表达能力。父母只要有耐心，别放弃，掌握一定讲故事的方法，就一定能达到预期目的。女儿也越来越聪明，今天你为她讲故事，也许过不了多久，她会学着你的样子给你讲故事了。父母给女儿讲故事，和女儿一起看故事书，这种"亲子共读"会使孩子从小体会到读书是一件快乐的事，从而培养她良好的阅读态度，这种良好的学习态度将使她受用终生，会给她将来的学习、社会适应、文化修养等打下良好的基础。

2. 父母相敬如宾，天使才更健康快乐

家庭环境对北大女生的成长有着非常重要的作用，女生过得快乐不快乐是由家庭决定的。如果女生发现父母的关系不好，心里就跟着难受。因为女生对周围环境非常敏感，她对外界的洞察力甚至会超过成人。父母的言行、感情融洽程度对未来的北大女生的情绪和心理有着深刻的影响，这些都将是直接影响孩子成为北大女生的重要因素。

家庭应该是女生获得安全感和归属感的港湾。如果这个家庭中充满了指责、谩骂、漠视、抱怨甚至是忌恨，家庭就成了最伤害女生的地方。这种伤害往往要比外人来得更可怕更难以承受，因为越是在意，越是痛彻心扉。

一个女生每天面临着父母吵闹，家庭的不和睦，长期生活在"硝烟弥漫"的家庭氛围中，女孩会生活得很不开心，也会变得冷漠、自私、暴躁。她不认为谁是爱她的，她对谁也都是不信任、仇视的，更无爱心。女孩的心理长期受到压抑，甚至可能扭曲、变态，从此走上不归路。

娟娟原本是个聪明伶俐、活泼可爱的女生，学习成绩也很好。但最近一段时间，班主任王老师发现原本聪明活泼的她变得胆怯内向，沉默寡言，不喜欢与其他小伙伴一起玩耍，上课时也常常发愣，作业也懒得做，一整天都是心事重重。放学后也不着急回家，孤零零地背着书包在街上晃荡，时常挨到天黑才回家。王老师看着娟娟的学习成绩一落千丈，心里

有些着急。后来，王老师在娟娟的作文中发现了她不快乐的原因："爸爸妈妈要离婚那天，正是我的生日。可是爸爸、妈妈都在忙离婚的事，他们的心情很不好，根本没有人关注我的生日了……晚上，我做了个梦，梦见爸爸、妈妈围在桌前为我庆贺生日。忽然，天上掉下了一个大大的生日蛋糕，我欢喜极了。可是我仔细一看，生日蛋糕上写的并不是往日的'生日快乐'，而是两个大字'离婚'，我就被吓醒了……"王老师终于明白，导致娟娟学习成绩滑落的真正原因。

父母感情不好，对女生有着很强的消极影响。父母之间关系恶劣，甚至当着孩子的面争吵打架，就会在女生的心中播下仇恨的种子，会扭曲她的心灵，将来也会影响到她对爱情与婚姻的态度。在父母的打骂中，对女生的人生来讲是悲剧的开始，也是悲剧的结尾。

随着社会的发展，近年来我国的离婚率呈逐年上升的趋势，离婚家庭的孩子成长教育问题也越来越受关注。父母要想知道离婚究竟会对孩子造成什么样的影响，应该先站在孩子的角度，分析他们的心理感受。很多父母感情不和，对另一方充满了愤怒，完全不顾孩子的感受。请父母不要认为离婚只是夫妻俩之间的事，对于有子女的家庭，对孩子造成的伤害和不良情绪是很难修复的。父母不要让自己的女儿成为家庭的受害者、牺牲品。

美国学者赫茨曾经对五大洲二十多个国家十万名八岁到十四岁的儿童进行过调查，发现孩子对父母的主要要求中有三条是关于家庭和睦的：①孩子在场，不要吵架。②父母之间要互相谦让，互相谅解。③父母和孩子之间要保持亲密无间的关系。上述要求既是孩子出于亲情的期盼，希望父母相敬如宾，融洽和谐，又是孩子对家庭环境的渴望，憧憬着在充满亲情与温暖的环境下成长。

女生希望父母为自己创造一个良好的环境。现实生活中，不少家庭夫妻感情破裂后，冷战、吵架、打架、摔东西等过激行为，有时甚至迁怒于女生的身上。这样的生活一点点地吞噬着女生的幸福感，让她们感到父母的关怀、家庭的温暖已不存在，随之而来的是感到孤独、焦虑、伤心等情绪。

对于女生而言，如果父母因感情不和而离婚，也就意味着她最终只能选择其中的一方共同生活。这样的处境让女生失去了安全感，对未来的生活感到茫然。生活环境的变化让女生心情焦虑。她会想：我自己的爸爸（妈妈）为什么会不要我呢？自己的新爸爸（新妈妈）会不会讨厌自己呢？别的同学都有爸爸（妈妈），为什么我没有了爸爸（妈妈）？孩子没有权力选择自己的父母，父母感情不和的时候他们是没有其他依靠的。所以父母们要有责任心，不要给孩子的成长留下阴影。

父母都希望自己的小天使能够健康快乐地成长，而健康有两方面，身体上和心理上。从某种意义上讲，心理上的健康比身体上的健康更重要。在家庭和睦、父母相敬如宾的氛围中，女生在爱的滋润下成长。这样的女生一般都是平和的，知足的，快乐的，自信的，充满爱心的，他的人生充满了欢笑。比如说，爸爸下班回来，妈妈接过丈夫手中的公文包；妈妈上班辛苦时，爸爸也会主动为妈妈分担家务。这对女生是一种潜移默化的影响，会在孩子心中留下一个美好的印象和画面。

父母之间相敬如宾、体贴呵护，会为孩子的心理健康打下良好的基础。父母是女生的第一任老师。在温馨和睦的家庭里，女孩过着无忧无虑的幸福生活。父母常给她讲故事，带她去郊游、逛公园、听音乐等，这些都有利于她接受多方面的知识，培养她的兴趣和爱好，使她对周围的事物充满好奇心和求知欲。加上父母在生活中的悉心照料，这种氛围中的女生一定会是快乐、健康、聪明的小天使。

第二堂课

北大女生

不要"娇"着养很多家长常会有这样的想法:女孩身娇肉贵,是父母的贴心小棉袄,一定要悉心的照顾才对。可是,现在很多家长对千金们的照顾已经过度到了溺爱的程度。北大女生虽然离不开父母的疼爱、娇惯,但她们更应该去学会慢慢的独立、自己照顾自己,即使会经历一些挫折,但在未来的路上她们会更加坚强。

1. 放开手，让北大女生自己走

　　父母要有意识地让自己的千金学会独立，逐步地减少她对父母的依赖，这是关系到孩子将来能不能成为北大女生的关键。放开父母的手，让女生自己走。让她具有像野花、野草一样顽强生长的精神。让她凭靠自己，在自己的天空里自由自在地创造一个个你从未想象到的奇迹。

　　在女生刚开始蹒跚学步的时候，不小心摔倒了。作为家长的您，是应该马上跑过去扶起女儿，还是鼓励女儿自己站起来？很多家长心疼孩子，会选择帮助女儿站起来，甚至在女儿哭泣的时候说着"都是地不好，摔疼了宝宝。"这种教育方式，不仅是女生学习走路会慢一些，但更严重的影响是女生不会学着自己去承担责任。路就在脚下，即使较弱的女生也得学着自己去走，不能永远依靠父母。所以当孩子摔倒的时候，父母在此时能够帮助孩子的，应该是为女儿加油和打气，父母不应该扶着女生走路，更不能代替女生走好所有的路。

　　像很多"望子成龙，望女成凤"的家长一样，蕾蕾的妈妈踊跃地为她报了绘画学习班。

　　上课的第一天，母女俩走进教室时，已有若干孩子先到。家长忙着为孩子将油画棒、水彩笔、画纸等摆好。上课铃声响过头遍后，家长千叮咛万嘱咐，希望孩子乖乖地上课，可是其中一个小孩还是在家长依依惜别之际，"哇"的一声哭了出来。未料想，感染力极强，蕾蕾也跟着哇哇大哭起来，经过家长和老师的极力安慰，孩子才算是平静下来。

绘画课不长，下课后打开了教室的门。等候在外的妈妈迫不及待地走到蕾蕾身边，拿出早已准备好的零食递给孩子吃。有的家长更加夸张，还给孩子喂水。吃完零食，蕾蕾想到操场上玩，于是妈妈也跟着走出了教室。在操场上，朝气蓬勃的蕾蕾和小伙伴们一起跑着、跳着，一旁的妈妈仔细地照看着自己的宝贝。

当上课铃声再次响起时，妈妈赶紧带着蕾蕾跑回教室，可是蕾蕾好像还沉浸在刚才的游戏中，显得有些迟钝，有着很强的依赖性。

生活中这样的场面我们并不陌生，女儿明明长的聪明漂亮，身体健康，却要父母抱着上托儿所、幼儿园。很多父母出于对女儿无私的爱，不惜为女儿付出自己的一切，然而往往适得其反。父母为女儿包揽的一切事务，制造了一个衣来伸手，饭来张口的"优裕"环境。父母本以为是对孩子爱的表现。殊不知，弊端多多。

女生在这种舒适的生活环境中，得到了无微不至的照顾，却失去了锻炼独立性的机会。父母也忽视了教育孩子是不能够溺爱的，女生养成了贪图享受的思想，长大以后非常容易堕落。父母的娇生惯养也让女生缺少努力的动力，缺少获得成功体验的机会。久而久之，就会丧失主动性和创造性，她也无法理解自我价值的重要性，成为一个缺乏进取心，而且是一个长不大的小女生。

被父母娇生惯养的女生往往心理更脆弱，社会适应力更差。由于女生从小生活在优越的环境中，渐渐地习惯于当公主的感觉，所以一旦女生离开父母、离开了原来全方位保护自己的环境，她就会表现出反常。比如从小娇生惯养的"小公主"长大了，面对社会激烈的竞争，没有人再注意她，照顾她，迁就她。"小公主"心理上难以承受这种待遇的反差，很容易变得情绪不稳定，过于敏感的自我保护而产生伤害别人的行为。

娇生惯养的女生有碍于非智力因素的发展。非智力因素是指人在智

慧活动中，不直接参与认知过程的心理因素，包括兴趣、动机、情感、意志、性格等方面。大多数心理学家认为，非智力因素的主要内容有：兴趣与爱好；愉快的情绪、对事业的热情；对挫折的忍受性与意志力；活泼的性格、宽阔的胸怀；自信心与好强心；远大的理想与目标等等。父母的过度保护，在助长她依赖性的同时，还抑制了她意志力、坚持性、不怕困难等非智力因素的发展，这对女生的身心健康是不利的。如果女生出现了这样的问题，一定程度上来说是父母的教育方式不对，对女儿过度保护所致，生活中许多事例足以证明这一点。

在学校放学的时候，下起了淅淅沥沥的小雨。家长们各自接走了自家的孩子。其中，有一个小女孩正朝她妈妈发脾气，说什么也不坐妈妈的摩托车，妈妈怎么劝她也不听。原来每次都是她的爸爸开小轿车来接她，不过，今天爸爸出差了，所以改由妈妈来接。偏巧赶上了下雨，小女孩感到很委屈，所以就乱发脾气。最后，妈妈没有办法，只好"打的"把她接回家。可是，在这对母女身边就有很多一样大的孩子没有父母接，而是自己撑一把小雨伞走在路上。

古人讲："授人以鱼，不如授人以渔。"意思是说：你送给别人鱼，不如教会别人如何捕鱼。教育孩子也一样。父母扶着女生走路，不如让她自己尽快学会走路。父母给予孩子的不能是永远的跟随和陪伴。父母就让女儿自己走一程，那样或许会更好吧！

真正爱女儿的方式是父母不仅要给她学习生活的好环境，还要教会她怎样去生活，教会她乐观、坚强、自信、独立的生活态度。父母如果爱自己的女儿，就应该让她自己走，给她指出一条正确的路，告诉她要遵守规则，哪里需要注意危险，哪里需要调整休息，然后让她朝自己想去的方向走。做父母的只需用满含关怀的目光，默默地注视着她，关心着她……

2. "未来的北大女生，跌倒了不怕，她会爬起来"

面对女儿跌倒，父母应该怎么办呢？蹒跚学步的孩子跌倒是很正常的事情，做父母的不要大惊小怪。很多孩子跌倒后，是能够靠自己的力量爬起来的，所以父母可以试着当一位为女儿加油的旁观者，并一直到她成为一个真正北大的女生。

生活中常有这样的画面：一个刚学走路的孩子摔倒，一位家长连忙跑过去，把孩子抱在怀里连忙说："宝宝摔疼了吗？都怪这地不好。"但也有的家长会一边鼓励孩子说："女儿，爬起来，再摔几次就会走了。"

"跌倒"就像女生在生活中遇到的挫折，父母怎样正确引导自己的女儿，教育她，正是许多父母所要寻求的答案。面对跌倒的女儿，父母要帮助她树立自信心，增加勇气，放心地让她自己走路。生活教会了一个女生丰富的知识。比如有自立、坚强、刚毅，都让她学到了，而这些正是如今孩子面对社会激烈的竞争所不能缺少的品质。

即使是小女生，她也是一个独立的个体，已经开始有了学习和思考的能力。如果这时候父母不注意教育方式，会让女生形成错误的想法。高尔基曾经说过：爱孩子们，这是母鸡也会做的事情。父母要想把自己的女儿培养成独立自强的女生，仅仅付出"爱"是不够的。

女生的培养首先是"养"，就是父母给女生提供一个健康快乐地成长环境。其次是"育"，父母对女生的教育要从有利于培养优秀的品质着手，如果女儿遇到了挫折，父母要做的是鼓励自己的女儿直面挫折，要有

战胜挫折的勇气。父母不要纵容女儿逃避挫折，或者推卸责任。否则她眼前的困难，将成为她永远无法战胜的阻碍，不会在挫折中获得成长。

如果女生遇到了挫折，父母在第一时间跑过去帮忙，女生看似摆脱了困境，实际上她没有从挫折中爬起来。蒙特梭利曾经说过："成人在用自己的行动代替儿童的行动时，并不是在儿童的心理上帮助他们，而是在儿童所喜欢由他自己做的所有活动上代替了。"

小李是一位高龄产妇，对自己的女儿显得格外的疼爱。她对女儿的养育完全就是：捧在手里怕掉了，含在嘴里怕化了。她经过多方考察终于选择了一个阿姨帮助带女儿。不过，小李还是不放心，有时还会提心吊胆的。由于小李平时对女儿照顾得过于精细，比如怕女儿接触人群会传染疾病，怕女儿接触花草会花粉过敏，所以她每天中午都要回家去看一下。如果哪天中午小李实在是没有时间回家，她就像掉了魂似的。虽然这样的做会觉得有些疲惫，但小李一想到女儿的健康成长，就会劝自己再苦再累也要坚持下去。但是，小李发现女儿特别胆小，看到除家人以外的人就会哭，看到小动物也会哭……

许多父母疼爱自己的女儿都有些过度，想着为了女儿，自己再苦再累也心甘情愿。于是，在对父母的依赖中，女生只有软弱性，而培养不出坚强的品质，当她日后走入社会而独立生活时，没有坚强的意志，很小的困难与挫折就能把她击倒。父母出于对女儿的保护，阻止外界的一切伤害，所以她会因此变得弱不禁风，遇到事情就成哭哭啼啼的娇小姐。所有的父母，尤其是母亲都应该意识到，坚强的意志，对于孩子的成长是非常重要的。而且父母的干预，让女生感受到的是沮丧。父母的言行等于是在告诉她"你不行，你做不了"。时间长了，女生的自我评价会大打折扣，潜能的发挥也可能受到影响。

生活中的挫折像是女生学习走路时，遇到的绊脚石。最初的时候，女生不知道躲避这些绊脚石，被绊倒了很多次。站在一旁的父母对女生说："女儿真棒，摔倒后能自己爬起来，下次走路要小心，争取不再摔跤"。有了几次摔倒的经历，女生就会变得坚强，学会一些技巧，积攒下很多经验。当她遇到挫折的时候，会开始自我思考，独立面对，并且这些行为都是自发完成的。

随着女生的长大，她已经不是刚刚学会走路时的样子。她会对很多事情感兴趣，希望能够去探险。可是，不了解女儿变化的父母往往以老习惯来处理孩子的事务，"不行，不要碰那个，你一定要听话""来，乖乖地坐到妈妈身边"。女生即使心里不愿意，但往往还是比较听话的。双方的冲突并不明显，但当父母对女儿说"不"字太多以后，女生探索的热情和好奇心就会大大降低。

路，要靠女生自己走。美国人认为，家庭教育是以"培养孩子开拓精神，能够成为自食其力的人"为出发点的。这可以说是很多父母已经忽略的问题。等到了女儿长大成人，需要自己独当一面时，父母再想教女儿如何坚强，如何独立是不可能的，因为女生由于娇生惯养而养成的毛病已经形成了。

亲爱的父母们，放开手，让女生自己走。即使她的步伐不太稳健，父母也不要为她扫清前方的障碍，不要为她搭建一个人为的温室，只有这样才会真正地激发她的潜能，成长为一个与众不同，出类拔萃的女生。

3. "风吹不动的"，才是北大女生

北大女生是不能有依赖性的。这种依赖性在后天不同的教育环境下，在每个人身上的反映是不同的。其中父母的教育是助长或抑制孩子依赖性产生的关键因素之一。因此，每一位想把自己的女儿培养成坚强、乐观的北大女生的父母，要注意从小培养女生坚强、独立的性格，这些是一个北大女生的必备条件。

父母必须让女生知道，在成长的道路上，不可能是一帆风顺的。成功往往是与艰难困苦、坎坷挫折相伴而来的。当女生遇到挫折的时候，让她依靠自己的力量试着爬起来。让女生学会经受风雨，那么这些温室中的花朵，才会像大自然中的野花那样坚忍不拔，更具有顽强的生命力和朝气蓬勃的精神。

居里夫人，作为一位杰出的女科学家。在8年时间内，她分别摘取了两个不同学科领域的最高科学桂冠——诺贝尔物理学奖与诺贝尔化学奖，并且一生中获得了难以计数的其他科学殊荣，可谓是世界上少有的杰出女性。

居里夫人的长女伊伦娜，也是位核物理学家，与丈夫约里奥因发现人工放射性物质共同获得诺贝尔化学奖；次女艾芙，是一位音乐家、传记作家，其丈夫曾以联合国儿童基金组织总干事的身份接受瑞典国王于1965年授予该组织的诺贝尔和平奖。居里夫人作为一位母亲，是如何培养和教育自己的子女的呢？

居里夫人平常的科研工作十分繁忙，但她始终没有松懈女儿的教育。她很善于抓紧时间对女儿进行早期教育，并善于把握女儿智力发展的年龄阶段。譬如，在女儿不足1岁时，居里夫人就让女儿们广泛接触陌生人，带她们到动物园看动物，让她们与小动物玩；让她们到公园去感受大自然的气息，看色彩绚丽的各种植物和人群，让她们尽情地在水中嬉闹，让她们欣赏大自然的美景。

当女儿们长大一些后，居里夫人又开始了教她们唱儿歌、讲童话、手工制作等等，让她们自己在庭园种植植物、栽花、种菜等，并抽出时间陪她们散步，在散步时给她们讲许多关于植物和动物的趣事。居里夫人对女儿的教育都力求从实物开始，且每天更新，以提高女儿对知识的兴趣。她还教孩子骑车、烹调等。全方位训练女儿生活技巧，不仅使女儿增长了智力，同时也培养了女儿的各种能力，增强了她们的自信心，锤炼了性格。

在丈夫皮埃尔去世以后，居里夫人开始一人担负起抚养女儿们的重担。居里夫人让女儿从小养成勤俭朴素、不贪图荣华富贵的思想。当时她们母女的生活十分的拮据，有人建议居里夫人卖出一点镭来贴补家用，但是被居里夫人拒绝了。居里夫人告诫女儿们："镭必须属于科学，不属于个人。"

在第一次世界大战期间，居里夫人又做出一项重大的决定：她决定将诺贝尔奖金献给法国政府，用于战时需要。同时居里夫人还亲自带着X光机上前线服务，并带着伊伦娜随同前往帮助伤病员。战争结束时，法国政府向伊伦娜颁发了一枚勋章，这对年轻的姑娘来说真是极大的荣誉。孩子们成长起来了，尤其是伊伦娜在战时的经历使她变得更为成熟。

从这个故事里，我们都相信居里夫人不但是位杰出的科学家，还是一位出色的教育家，她把自己的女儿培养成为优秀的人才，为整个人类社会做出了贡献。父母的教育方式决定着女儿成为怎样的女生。居里夫人对女儿的爱绝不次于别人对子女的爱，但她对女儿只有疼爱，而没有溺爱。

父母是女儿的第一任老师。现在，独生子女的家教问题存在不少误区，有的家长对孩子过于宠爱，小孩八九岁了，还不会自己吃饭。望女成凤的家长难道不能从居里夫人成功的家教中得到一点启示吗？

（1）父母请放手让女生做其力所能及的事。虽然女生天生娇贵，但父

母的疼爱不能变成溺爱。父母要转变观念，从小注意培养女生自立、自主的精神，对待女生的生活起居，坚持放手让女生做力所能及的事。如自己独立行走，独立进餐，独立就寝等。在今天这社会，虽然女性已经摆脱了过去围着灶台转的旧身份，但仍然承担着比较重的家务活动，所以动手能力是培养女孩的最浅层次。对于年龄稍大一些女生，鼓励她在家里做爸爸妈妈的小帮手，如帮助妈妈倒垃圾，洗自己的袜子等，每天起床自己穿衣服。父母通过一些生活中的小事，让女生参与生活，培养她的独立性。

（2）父母提出与女生能力所及的要求。"要求"是父母教育女生的一个很好的手段。父母要根据不同年龄阶段女生的特点和理解能力提出与其能力所及的要求。但要注意要求过高，难度过大，反而会产生女生的畏难情绪。而且失败的结果，会让女生自信心降低，产生自卑心理。自卑心理强的女生，会变得自闭，不愿与别人接触。不仅影响她的心理健康，而且还影响她的人际关系。

（3）父母积极鼓励女生，使其持之以恒。一旦女生取得进步，父母要以积极的态度给以鼓励，肯定她的行为。不管女生想努力完成什么事，只要不是出格的事情，父母就应该支持女生。女儿想自己吃饭的时候，父母要让她自己尝试，不要怕她吃不好，只要在一旁细心观看就可以。经过一段时间的教育培养，等到女生终于能不依赖父母而独立进餐时，父母可以给她一个满意的眼神，或肯定的口吻对她说："妈妈就知道女儿是最乖的"。父母的鼓励与肯定既是对女生现有的行为予以表扬和鼓励，激发她追求自主、自强、自立，同时也是对女生今后行为的鞭策，提高他再尝试的勇气和信心。当女生失败的时候，父母千万不要责难她。父母过于求全责备，会让女生很容易失去她的自信心，自暴自弃，产生依赖父母的心理。

为了女生能够有一个美好的将来，父母不要溺爱她。要让她在生活中接受磨炼，获得知识。不要让她生长在温室里，适当的风雨更有利于她的成长，是女生成长过程中不可缺少的一种营养，做家长的千万不可忽视这一重要问题。

第三堂课

做父母的，当好女儿的榜样

父母是孩子的第一任老师，也是学习的榜样。每个北大女生的成长过程中都会有父母的影子，深深地刻着父母的印记。女孩的模仿能力很强，在她们眼中最亲密的人——父母，自然就变成她们第一个要模仿的对象。所以，父母要想让自己女儿优雅得体，才华出众，就要首先当好女儿的榜样了。

1. 北大女生是受妈妈影响的

　　常言道有什么样的妈妈，就有什么样的女儿。现实生活中有很多母亲都成为自己女儿模仿的对象。就像妈妈喜欢的东西，女儿也会跟着喜欢。所以母亲一定要注意自己的形象，把女儿引向正确的方向。

　　母亲是女儿最亲近的人之一，也是女儿最爱模仿的对象。由于女儿对父母的依赖和信赖，她们相信妈妈永远是对的。有的时候，女儿看到妈妈的样子，有可能在想：做女人就应该像妈妈那样。有了这种想法，女儿就会不自觉的开始模仿自己的妈妈。母亲的一言一行都被女儿记在了心里，起着潜移默化的影响，并逐渐形成一套属于自己的标准。

　　舟舟是一个12岁的小女孩，两个月前到医院看病的时候，把为她看病的医生吓了一大跳——身高1.55米的舟舟体重却不足65斤，长得真是"皮包骨头"。医生看着舟舟的小手，手指竟细得像筷子一样。舟舟脸色苍白，身体极度虚弱，感觉就像大病初愈，一副弱不禁风的样子。经过医院心理专家仔细询问，发现舟舟的病是因为受到妈妈减肥的影响，得了厌食症。

　　两年前，舟舟一家从南方搬到北京。舟舟的妈妈是一位非常爱美的女士，来北京后她发现这里的人都比较苗条，自己的身材显得有些臃肿，所以她就下决心减肥。于是，她为自己制定了一个严格的节食计划，每天的三餐只是象征性尝几口青菜，肉类、蛋类等高蛋白食物一点都不敢碰，高营养的食物也尽量避免。一年后，这位爱美的妈妈发现自己的体重并没有减到预期的目标，反而是12岁的女儿冉冉开始厌食，开始不吃肉不吃蛋，到后来索性连饭都吃不下，每天只靠吃几片饼干维持。不到半年，冉冉变得面黄肌瘦，连月经都停了。

长期营养不良，使冉冉的身体很虚弱。她每天从床上起来时都会觉得头昏眼花，必须坐一会才可以站起来。冉冉的母亲以为女儿得了重病，到处寻医问药，挂了儿科、消化科、中医都看了，也吃了不少药，也花了不少钱，可是冉冉仍然是没有食欲，而且病情更严重了，吃多一点就会吐，看见肉就觉得恶心。这次终于查出了冉冉得的是心理疾病——神经性厌食症。

医生对冉冉的妈妈说："幸亏冉冉来得还不算晚，如果继续下去就很危险了。只需按照我说的做，冉冉会好起来的。"经过一段时间的治疗，冉冉已经可以大口大口地吃东西了。

小女生很喜欢模仿大人，特别是自己的妈妈。她把妈妈当做偶像，总会有意或无意去模仿妈妈的行为。冉冉的妈妈长期节食，无形中会对冉冉产生一种心理误导，以为女生越瘦越美，渐渐地也变得不爱吃饭，最后发展成了厌食症。而且，像冉冉这样年龄的女生，正处于发育的关键时期（12~15岁），家庭环境对女生的心理发育和性格形成，以及成年后的个性特征有着极重要的影响，所以父母一定要给女生提供一个健康成长的良好家庭环境。

做母亲的一定要注意自己的言行，不要让自己的毛病影响到自己的女儿。小女生是敏感的，哪怕是父母一个细微的动作或者表情都有可能被女儿捕捉到。妈妈不要心存侥幸，不要拿女儿的前途开玩笑。不管在什么时候什么场合，尤其是女儿在身边的时候，妈妈要做到举止得体，乐观向上，要善于在平时生活、工作的一点一滴中发现乐趣，保持愉悦。妈妈的乐观感染着女儿，让女儿同样拥有一个乐观向上的心，成为女儿心目中的好榜样。

女儿就像是妈妈的翻版。温文尔雅、知书达理的妈妈养育出的女生

也会像妈妈一样温柔；孝敬父母的妈妈养育出的女生也一定会懂得尊敬长辈；牢骚满腹的妈妈养育出的女生会对生活充满了不满；贪财势利的妈妈养育出的女生也会唯利是图……

2006年9月《疯狂英语》阅读版曾经刊载了一篇叫做《妈妈的影子》的文章，文中描写到：

在我脑海中，生命里最早的记忆是在我三岁半的时候，年轻漂亮的妈妈站在一旁，有节奏地搅拌着蛋糕粉，蛋糕粉溅洒到她身上。她一边干活，一边出神地哼着电影《擒凶记》里的插曲，然后瞥了我一眼，向我投来一个充满爱意的微笑。我跪在椅子上，拿着碗和汤匙，也学着她的样子搅蛋糕粉，其实碗里什么也没有。我和妈妈穿着花色一样的衣服，我的衣服是用她的衣服剩下的碎布做的，天蓝色——那是妈妈最喜欢的颜色。

许多年后……

此刻，我站在厨房里，任由思绪在脑海里翻涌。我把溅到脸上的蛋糕粉擦掉，瞟了小女儿一眼，尽管穿了蓝色小围裙，但她还是把衣服弄脏了。这时我意识到自己正哼着当年母亲哼过的曲子，脸上不禁浮现出一丝微笑。此情此景是如此熟悉，一股暖流涌遍全身。

我是妈妈的影子。

女儿跟在妈妈的身边，妈妈的言行一点一滴地传递给了女儿，在她幼小的心灵里生根发芽，学会如何去做一个像妈妈那样的人。在培养女儿的问题上，妈妈的作用是巨大的，是谁也无法代替的。谁在成长过程中都需要榜样，小女生更是如此。没有一个好的榜样作为指引，女生就有可能走上不归路。

总之，母亲是女儿学习的好榜样，是对女儿成长影响最大的人。母亲的品质决定着女儿的品质，要想把女儿培养成为什么样的女孩，妈妈要率先行动，成为什么样的女人，什么样的妈妈。

2. 北大女生的自信来源于父亲

　　父亲的一言一行，对女儿能不能成长为北大女生是有着和母亲同样重要的作用。在女儿眼中，父亲常被视为一家之长，是权威的象征。如果她得不到父亲的关心，就非常容易变得自卑、内向、胆小。所以，有没有乐观自信的性格，能不能建立良好的人际交往，也直接影响女孩成为北大女生。在生活中，父亲一定要注意关心女儿的成长。

　　有的父母会认为，男孩的成长需要父亲做榜样，否则男孩就容易缺少阳刚之气，甚至变成"娘娘腔"，而女儿的成长就离不开妈妈的典范作用。其实，女孩的成长既需要妈妈的培养，也需要父亲的关心。

　　女生对外界的人或者事物是敏感的，她们很注重与别人的关系，同样她也会用一颗敏感的心去衡量她与父亲之间的关系。所以从某种程度上说，父亲对女儿是否关注，决定了她是自信还是自卑。

　　5岁的小静每天都喜欢缠着父亲。当爸爸看报纸的时候，小静总会打断他，不停地想吸引他的注意力。比如小静一会儿指着自己的玩具对爸爸说："爸爸，快看，我给我的洋娃娃做饭了！"爸爸常常是应付地点点关："好孩子，继续玩吧。"小静一会儿又装作不小心摔倒，坐在地上哭个不停，非要等着爸爸把她扶起来。

　　……

　　最后爸爸忍受不了小静的调皮捣蛋，便拿着报纸回到自己的屋里去看了。

　　很多小女生喜欢"惹是生非"，不是她们真的那么调皮，而是希望通过这样的方式吸引父亲的注意力，哪怕是批评自己几句。要知道父亲对女

儿的忽视，是对女儿最大的伤害。

生活中会有这样的画面：在女儿小的时候，父亲是无所不能的，很多事情到了父亲手中便可迎刃而解。比如玩具坏了，父亲摆弄几下，玩具又恢复了原样；家里的电灯不亮了，爸爸忙活了一小会，就把它修好……女儿能感觉到，爸爸会很多东西，家里很多地方出现问题他都能解决。因此，在女儿的心目中，爸爸渐渐地成了权威的象征。

谁都希望被亲人关注，敏感的小女生更是渴望得到关注。能得到在家中最有权威的父亲的关注，会让女儿找到自我认同的感觉，对她来说，具有不同的意义。

如果父亲对女儿漠不关心，一开始，小女生会采取某些小伎俩，就像小静那样通过哭闹等诡计来引起父亲的关注。但如果仍然不能引起父亲的注意，甚至是换来父亲的过分责骂，那么小女生就会感到十分困惑，她会相信自己的父亲讨厌自己，再也不爱她了，她会因此而感觉到孤独、寂寞，甚至还会产生内疚的心理：我究竟做错了什么？爸爸为什么不喜欢我了？我怎样做爸爸才会更喜欢我呢？

如果小女生长期生活在这样的心理阴影下，她就会不自觉地为自己贴上一些标签，不够听话、不够聪明、不够可爱、很惹人讨厌……久而久之，父亲对她的毫不关心，就使得女生拥有了一颗极度自卑的心灵。

父亲在女儿心中占有重要的位置。父亲的一句话能够影响，甚至是彻底改变女儿的心情。比如女儿因为外表被人嘲笑，回到家后非常的沮丧。如果女儿向父亲诉说，却得不到父亲的安慰和理解，那么女儿会真的因此消沉下去，把别人的话当成对的。反之，父亲倾听女儿的心事，鼓励女儿说："爸爸相信你是最棒的。""难道你连爸爸的话都不信了么？"

当父亲开始关注女儿的一言一行，她就会知道自己在父亲心中的地位，有一个人一直关心和支持着她。父亲开始关注女儿的言行和心事，在与女儿交流的时候，女儿会变得坚强与自信。

对于那些有点谨慎、胆小的女生，父亲的夸奖很重要。父亲不要在外人面前批评自己的女儿，即使是因为谦虚也不要这样做。小女生是要面子的，父母的谦虚会伤害她脆弱敏感的心灵。她会觉得一个自己最亲近的人都看不起自己了，看来自己真的很没用。如果父亲适当地称赞女儿，她会带着自信的心情，大方地去接触别人。凡是有这种心态的女孩，在人际交往中往往不会那么敏感，而且她们的思想和行动，也不易受到别人的影响。

女儿的自信来源于父亲的关注、鼓励。不过，让父亲说出鼓励女儿的话，向女儿表达自己情感是一件比较困难的事情。大部分中国的家长都不太擅长做这样的事情。父亲们或者由于害羞，或者是不屑，都不愿意在女儿面前过多表露自己的心里话。中国的父亲们应该在对女儿多些关注的前提下，多找一些"情感词汇"来拉近与女儿之间的感情，这样女儿会和父亲越来越亲近，也会活得健康快乐。

父亲要尽可能多地陪在女儿身边。即使父亲工作再忙，与事业相比，女儿的成长更重要。因此，父亲要拿出一定的时间来陪在女儿身边。父亲对女儿的关心，更容易给女儿带来安全感、幸福感，这在她的成长中是非常必要的。女儿如果从小缺乏这种安全感和幸福感，在她将来的人际交往中会表现出不自信、内向的特点。

父亲可以找一些与女儿相同兴趣来消磨时光，或者父亲索性迁就一下自己的女儿，比如和女儿一起看看动画片。父女两人在一起玩耍，让女儿感受到了父亲对自己的关心，让她在心理上得到了满足。

女儿对性别的自我认识很大程度上，受到了父亲对她如何反应的影响。父亲对女儿的关注也可以促进她形成女性气质。如果父亲欣赏女儿的女性气质，比如当女儿注视爸爸的时候，爸爸能够以微笑的眼神回应；对女儿的外貌要给予适当的赞赏，那么，女儿就会备受鼓舞。

父亲要让女儿活在关爱中，给予她应得的鼓励和赞赏。皮格马利翁效应指的是人们预期什么，就会得到什么。父亲要相信自己的女儿，关心她的成长，用心呵护她的自信。这种精神上的关怀可以激发女儿的潜质，让她越长越聪明。

3. 北大女生是父母教出来的

在女儿成长为北大女生的过程中，父母既是女儿的好榜样，又是女儿的好老师。但是，很多父母在家庭生活中不重视自己在女儿面前的形象，教育女儿的随意性很大。造成的结果就是父母在女儿心目中的地位下降，不服从父母的管教，甚至越来越叛逆。要把女儿教育成为北大女生父母就不容失职。

家庭是女儿成长的重要环境，也是女儿人生的起点，而父母是女儿的第一任老师，父母的一言一行直接影响着女儿品德的好坏。所以父母要以身作则，在女儿心中树立起良好的形象。父母的思想作风、性格修养、爱好特长，无不使女儿耳濡目染，令其终生受益或受害。

父母的言行对女儿有着潜移默化的作用，这种影响将渗进她的心中，伴随她的一生。曾经在电视上看到过这样一则公益广告，描述的是：

有一位老人坐在椅子上，她的女儿在给她洗脚。老人的女儿忙碌一天，刚刚下班回家，老人心疼自己的女儿，叫她早点休息。而女儿回答老人说："我不累，妈，多烫脚对你的脚有好处。"这一幕正好被门外的孩子看见了。

当女儿照顾完母亲，回到自己的房间，发现孩子不见了。回头要找的时候，看到了自己的孩子吃力地端着一盆水走进来，水还撒了他一身，孩子走到她的身边说："妈妈，洗脚。"看到孩子如此懂事，母亲的脸上顿时露出了幸福的笑容。

广告讲述的是一个普通家庭里发生的小故事，却可以吸引很多人的注意，更让家长们反思。看到稚嫩的孩子端水时摇晃的身体，眉宇间紧皱的一抹纯净的爱，每个观众的心都凝固在孩子为妈妈打水洗脚的瞬间。身教重于言教。孩子的行为是从妈妈那里学来的。

著名教育学家陈鹤琴曾经说过："家庭教育对孩子来说首先是自我教育。"父母自身的道德修养会潜移默化地对女儿产生影响。女儿在小的时候，学习主要是模仿自己的父母，但是她不具备判断能力，所以父母好的行为她会学，坏的行为也会学。更重要的是女儿对父母的模仿，不仅在于行为举止，而且包括思维方式、情感取向以及个人品质等。如果父母的品德高尚，为人正直，工作勤奋，就能为女儿起到很好的表率作用，促进女儿形成良好的品质，而且这种作用是终身影响的，是其他任何力量都无法比拟的。

女儿刚来到这个世界上，就像是一张白纸。父母要注意对女儿的早期教育，不能让女儿从小看到和听到的都是一些不好的事物，要让女儿看到纯净、美丽的事物。父母很早的就在女儿面前展现正确的言行，不但占其"先入为主"的便利，而且父母树立了良好的形象示范。当女儿长大一些后，有了一些独立思考的能力，对父母的言行就会有一个肯定的评价。这种评价更利于父母对女儿的教育。

女儿不仅是父母生命的延续。从女儿的言谈举止，可以看出父母的人品如何。所以父母要想胜任老师一职，就必须改变自己不检点的言行，遵纪守法，举止文明等。比如不讲脏话，不赌博……父母要记住：对自己一举一动的检点是首要的和最基本的教育方法。

在今天这个社会，父母也要改变一些观点。父母要督促自己不断学习，才能拉近与孩子的关系，才能配合好学校教育活动的安排。根据自己女儿的年龄、特点、个性等因素，全方位地培养她。

父母还必须懂得，自己在日常生活中与女儿接触，就是在对女儿无声

的教育。父母要随时检点自己的言行，处处以身作则，做女儿的"良师益友"，为女儿树立良好榜样，使自己真正能够胜任第一任老师这一光荣职位。例如，当着女儿的面，父母不要吵架；夫妻之间应该相敬如宾，相濡以沫；父母不能对女儿撒谎失信，凡事说到做到；对女儿提出的问题，要尽量客观的答复，不要置之不理。

另外，父母教育女儿不能太过随意，对孩子的态度要始终如一。也就是说对女儿的爱要稳定，不要时冷时热，动不动就发脾气。父母对待女儿要找出平衡点，既不要过分溺爱，也不要过分苛求。父母要给女儿正确的爱，爱女儿是把爱心和亲情带给她。爱的目的是要给她一个成长的良好环境。

父母不能因为心情好就放纵女儿的行为，也不能因为自己的心情不好，就迁怒或者过分责骂女儿的错误。父母的随意性教育，只会带来不良的后果。所以父母要想给女儿当老师，也需要"备课"，知道在女儿面前该说什么，不该说什么。父母应该记住：教育者必先受教育。父母可以去学习一些家庭科学教育知识，不能盲目地当"随意性"的"教师"。

第四堂课

告诉女儿：宝贝，你真棒！

　　教育孩子是一门学问，它是有规律可循的。北大女生的成长之路需要鼓励，受到鼓励的女儿会更加自信，也有利于提高她的创造力、想象力。有了这些品质和能力，她才能成为敢想敢为的北大女生，才会创造出属于自己的一片天空。

1. 北大女生需要的是赞美而不是批评

很多父母对女儿的管教十分严厉，看到她犯了错误就会批评一通，但当女儿做对了时，父母的态度又是惜字如金，认为她做对了是理所当然的。其实要把女儿培养成为北大女生，就得赞美而并非批评，因为赞美比批评更有影响力。

女儿要在正面教育中长大，而不要让她在负面教育中长大。很多父母对女儿的期望太高，总是觉得她这儿做得不好，那儿做得也不好。这样的父母可以看到女儿身上很多缺点，却看不到女儿的优点。父母对女儿的批评越多，女儿就会也开始怀疑自己，变得越来越自卑。当她做事情没有了信心，也就更难以达到父母的期望，因此会得到父母的更多批评。

今天学校要公布期中考试的成绩。佳佳刚一进门，爸爸就迫不及待地跟在后面问："怎么样？考了多少分？"佳佳一边放书包，一边回过头来说："爸，还可以，就是……"爸爸脸上的笑容一下子不见了，转身坐到沙发上，打断了女儿的话："我不要'就是'，我希望你能够考双百，如果刚上小学成绩就不理想，以后肯定跟不上。你就直接告诉我结果吧！"佳佳显得有些不安，躲闪着爸爸冷漠的目光："这次考试语文得了一百分，数学没考好，是因为数学题太难了。不过，也不是很低，95呢！是我们班的前5名，我们班还有人不及格呢……"

爸爸一听就火了："就知道比下面的，真是没有上进心！那你们班有没有考100分的同学呢？"看到佳佳轻轻地点了点头，爸爸的声音更是提高了几分："别人能考100分，你为什么就不能？题太难，别人怎么不觉得难？我看你就是不努力！告诉你多少回了，要想考上重点高中，就必须得用功，知道吗？不要给我任何借口，我只看分数！"

佳佳小声嘟囔着："我不是说了数学题难么，大家都是这么说的。我怎么不努力了，连老师都说我进步了……"

爸爸根本听不进去佳佳的解释，说："你还敢跟我顶嘴！"爸爸"噌"地一下跳起来，一巴掌抡在女儿的肩膀上："我告诉你，我不管题目难不难，也不管老师说你有没有进步了，我要看到成绩！考了95分还算进步？差远了！要是考不上重点高中，以后就考不上重点大学，那你也就没有什么前途了，知道吗？这个周末哪儿都不许去，在家把考试的卷子重新做一遍。"

自从被打以后，佳佳越来越不喜欢学习了，甚至开始讨厌自己的爸爸。他心想：反正在爸爸的心目中我已经是一个不爱学习的坏孩子了，就算是好好学习也没用了。于是佳佳的成绩越来越糟糕了。

生活中这样的事情不胜枚举。父母望女成凤的心情，总是让他们对女儿的教育变得急于求成。对于女儿培养的问题，父母要端正自己的心态，对女儿提出的目标一定要符合实际，既不要过低，也不要过高。过高的目标会让女儿经常受挫，父母也会产生不满的情绪。过低的目标会让女儿，沉静在自己轻松获得成绩的喜悦中，变得不思进取。对于女儿的失败，父母要有一个宽容的心。谁没有失败过，关键是失败之后还能有勇气坚持到胜利。父母要相信自己的女儿，鼓励她在哪里跌倒，就在哪里爬起来。

父母的鼓励对女儿来说是最好的动力，比批评更有影响力。父母为什么不赞美自己的女儿，为她营造出一种愉快和谐的生活氛围。只有在这种氛围中，女儿才能冷静地思考自身的问题，感受到父母的良苦用心，并会积极努力地按照父母的期望去做。如果当女儿沉浸在失败中，父母不仅不安慰她，反而奚落和批评她，那么她真的有可能开始堕落，并且坚信自己本来就应该是这副样子。

父母的批评多于赞美时，女儿的缺点就会越来越多，因为父母把她的缺点公之于众或者多次强调，她不可避免地被缺点影响情绪。要是父母用心去发现女儿身上的优点，慢慢地女儿的这些优点就会发展成优势。关键在于，父母赞美女儿的同时给了她期望，有了期望才会渴望变成现实。

有这样一个故事：

第一次参加家长会，幼儿园的老师说："你的孩子有多动症，在板凳上连三分钟都坐不了，您最好带他去看看。"回家的路上，孩子问妈妈："老师都说了些什么？"妈妈告诉她的孩子："老师表扬你了，说宝宝原来在板凳上坐不了一分钟，现在能坐三分钟了。其他的妈妈都非常羡慕妈妈，因为全班只有宝宝进步了。"那天晚上，孩子破天荒地吃了两碗米饭，并且没让妈妈喂。

当孩子上小学了。家长会上，老师对妈妈说："全班五十名同学，这次数学考试，你的孩子排第四十名，我们怀疑他智力上有障碍，您最好能带他去医院查查。"回到家后，妈妈忍住心里的难过对孩子说："老师对你充满信心。她说了，你并不是个笨孩子，只要能细心些，会超过你的同桌，这次你的同桌排在第二十一名。"说这话时，妈妈发现孩子黯淡的眼神一下子充满了神采，沮丧的脸也一下子舒展开来。第二天上学，孩子起得比平时都要早。

到了孩子上了初中的时候了。在一次家长会上，老师没有批评她的孩子，只是在临别的时候，告诉她："按他现在的成绩，考重点高中有点危险。"妈妈仍对自己孩子充满了希望，此时她的孩子也正等在学校门口。在回家的路上，妈妈对孩子说："班主任对你非常满意，他说了，只要你努力，很有希望考上重点中学。"终于，这个孩子高中毕业了。孩子考上了梦寐以求的学校——清华大学。孩子哭着对妈妈说："妈妈，我知道我不是个聪明的孩子，只有你能欣赏我……"

赞美与批评都是父母教育女儿的手段，但赞美更容易让女儿对人生产生积极的态度。赞美的目的是能够让女儿收获自信。过多的批评会让女生没有自信，生活变得灰暗，人生之路越走越黑，越走越偏。

父母要对女儿实施赞美式的教育，对于她的一点点进步都要表示好感与欣赏。女儿需要被别人肯定与赞美，尤其是自己最亲近的父母。当女儿做了一件好事或在学习和生活中取得了一些进步，父母应该给予适当的赞赏，要对女儿说："宝贝，你真棒！"这是对女儿行为最好的肯定，女儿也会在内心升腾起一种成功的喜悦，就会有继续做下去的精神动力。

2. 想象力是成为北大女生的必备条件

想象力是人类比其他物种优秀的根本原因所在。它是人类创造力的源泉，人类今天创造出的所有财富，都离不开想象力支撑。北大女生都拥有丰富的想象力，父母就要呵护和培养女儿的想象力，给她提供一个想象的空间，不要用自己的思想束缚住女儿梦想的翅膀，影响女儿成为优秀的北大女生。

美国哲学家查尔斯说过：想入非非是通向科学探索的必需的和首要的步骤。想象力是人成才不可缺少的能力，它甚至比知识还要重要。人们有了想象，才会开始去实践，最终获得启示，把想象变为现实。那些没有想象的人，必然会把自己禁锢在一个狭窄的空间中。

很多人常会觉得外国的孩子思维敏捷，头脑灵活，而中国的孩子中规中矩，显得逊色一些。不是中国的孩子天生不如人家，而是中国的孩子在成长的过程中忽视了想象力的培养。没有哪一个父母希望自己的女儿是一个思想僵化的人。那么，父母就培养女儿的想象力，给她展现想象力的空间吧！

（1）鼓励女儿有"奇思妙想"。论知识，女儿不如成年人，但并不妨碍她有丰富的想象力。女儿的好主意并不能以成年人的眼光来看待，父母要懂得好事多磨的道理，多给女儿些时间，她的想象需要一定的空间和时间，否则会伤她的自尊。很多时候，成年人的想象力还不如几岁的小女孩。因为成年人脑中已经掌握了知识，形成了条条框框，把自己的想象力

给困住了。但女儿不一样，只要父母不扼杀她的想象力，她就会给父母带来惊喜。

妈妈为女儿娇娇报了一个美术班。一天，美术班老师布置了《树林》的作业。娇娇画好画后，兴高采烈地拿给妈妈看。妈妈觉得画面乱糟糟的，大树东倒西歪，颜色也不对，居然用了灰色！妈妈有些恼怒，指着画大声说道："哪有这样的树？"娇娇似乎很委屈，想对妈妈说什么，看了看，欲言又止。妈妈一瞪眼："还不赶紧重新画！"娇娇很不情愿地画起来。

一会儿，儿娇娇把画再次交给妈妈。妈妈一看，跟刚才的几乎一模一样。于是，妈妈更加恼怒了："你是不会画，还是不想好好画？我给你花钱报美术班，你怎么会画成这样？是不是不好好学习。"娇娇的眼圈红了，支支吾吾地说："妈妈，我画的是刮台风时的大树。这些细线是大雨，大风卷起了很多的沙土，所以天和大树变得灰蒙蒙的，看不清楚了……"

妈妈听了娇娇的讲述后愣了愣，赶紧拿起画来仔细看。当妈妈用女儿的眼光，用一颗童心来看她的画时，妈妈这才发现这是一幅形象生动、富有想象力的作品。大树被狂风吹得东倒西歪，多么逼真和形象啊！于是，妈妈抱住娇娇，诚恳地对他说："宝贝，对不起！你的画真棒！"

父母不要坚信自己永远是对，从而忽略了女儿的想象力。如果父母总是习惯用成人的思维和成人角度去要求女儿，则往往会扼杀她对新事物的兴趣、探索未知的快乐和丰富的想象力。父母不要把女儿的奇思妙想当成是胡思乱想，父母过多的干预女儿的想象力，会把女儿逼入一个不需要过多思考、想象、发挥的有限空间。这样的女儿往往是平庸的，在各方面都很难有所突破。

（2）给女儿一个想象的空间。女儿遇到问题就会向父母要答案，大多数父母会直接告诉她。这种教育方式可以让女儿很快获得知识，但不利于想象力的开发。父母给女儿越多"标准答案"，她越会懒得自己去思考，更不要说去想象了。给女儿一个想象的空间，不要干预和打压，让她自己去寻找答案，积累知识。

阳阳把一幅自己很得意的画拿给了父母看。

妈妈看了画后问阳阳："阳阳画的是什么啊？为什么汽车长羽毛？"

阳阳说："那不是羽毛，那是翅膀，汽车有了翅膀就能够飞啦！"

妈妈不解地问："汽车怎么可能会飞呢？它既不是飞机，又不是鸟。"

爸爸对妈妈给阳阳的批评不以为然，而是反问妈妈："为什么汽车不能长出翅膀，不能像飞机那样飞上天空？我认为画得很好，说不定他以后真的会制造出会飞的汽车呢！"

父母千万不要认为几岁的孩子，只要吃得饱穿得暖就行了，其他的什么也不重要。其实，小孩子从3～4岁开始，就已经有了丰富的想象力，如女儿常常抱着自己的洋娃娃，玩过家家的游戏，并游戏中，扮演各种角色，做一些事情。女儿已经在父母不知不觉中有了想象的能力，想象力是培养女儿创造力的载体，是女儿获取知识的动力。

（3）启发式教育能培养女儿的想象力。父母可以多向女儿提一些引导性的问题，让孩子用多种答案回答问题，不但可以启发孩子的想象力，更能激发孩子的求知欲。比如："雪化了是什么？""雪化了是春天。""春天是什么颜色的……"用一些具体的事物，来延伸女儿的思路。

讲故事也是一种能够启发女儿想象力的好方法。父母不要急着把故事讲完，可以在故事中穿插一些其他相关的知识。比如父母给女儿讲《龟兔赛跑》的故事，就要告诉她这两种动物的特点是什么。有时间可以带女儿去动物园看看。

父母不要只站在自己的角度，要试着改变已有思路，别对女儿最初的想象力品头论足。想象力最大的敌人是接受现实，一成不变。父母要给女儿说出奇思妙想的机会，尊重他们的想法，用科学的教育方法引导她的想象。

3. 敢想敢为才是北大女生的坯子

在中国，父母都希望把女儿培养成文静的乖女生，不希望她有任何与人不同的特殊之处。其实，北大女生不仅要有文静的气质，更要有敢作敢为的想象力和执行力。父母在生活和学习中要注意培养孩子的想象力和执行力。

想象是人们的天性，是有利于人们学习的重要思想品质。父母要鼓励女儿去想象，去实践，不要担心女儿会受到伤害或挫折，自己只要在一旁暗中保护就可以。孩子遭遇失败也没有关系，因为她会在失败中获得知识，得到成长。

一起读幼儿园的小朋友来到了乐乐家做客，闹着要喝酸奶。正好家中没有酸奶，作为小主人的乐乐兴奋地对妈妈说："我能找到酸奶"，说完便冲进了厨房。妈妈也没在意女儿说的话，一边帮忙哄小客人玩，一边与大人们聊天。过了一会儿，乐乐真的端着一杯奶状的液体回到了客厅，高兴地把手中的"酸奶"递给了小伙伴，小朋友刚喝了一口，就一脸的苦相。乐乐的妈妈赶快夺过来尝了尝，一巴掌扇在女儿身上，原来女儿端来的是她自己用牛奶和醋调在一起的"自制酸奶"。被打的乐乐愣愣地站在原地，眼泪夺眶而出。

乐乐给小客人喝"自制酸奶"是犯了一个错误，可是换个角度来看这件事情，我们就可以表扬乐乐是一个能够细心观察生活的女生。她能够根据酸奶的口感，来找出相似的事物。虽然做法是错误的，但我们不得不赞叹她的想象力。可惜，她的妈妈不懂得欣赏她的想象力，只看到了乐乐的错误行为，她的打骂让乐乐失去了对事物的想象与尝试的勇气。父母应该鼓励女儿去实践，也许不经意间她就有了新奇的想法。面对女儿做的傻事、错事，父母也不要过分责备她，不要糊里糊涂地折断她想象的翅膀。

女生的想象力不一定是幼稚的，只是父母没有给她表现自己梦想的空间和时间。那些拥有奇思妙想的女生其实从一开始就希望获得自由的发展空间，按照自己的意愿生活。而对于这些女生的父母来说，成功的秘诀其实就是：不要限制孩子的想象力，并且鼓励实现自己的想象。因为你永远无法想象当这些女生终究实现这些梦想时，作为父母的你会有多么的高兴。

敢想敢为的女生才是好样的。这样的女生有着活跃的思想，勇于尝试的精神。她们往往比那些中规中矩的女生更容易获得成功。父母鼓励女儿敢作敢为。对女儿的很多举动，应该视为她将来成才的初始，不要动不动就指责阻止。对于她的某些失误和错误行为，要体验其年幼无知，既要无微不至地关怀体贴，动之以情，晓之以理，又要巧妙地借助其他智慧和力量，合力图新。父母只要正确地引导女儿的想象力，就能够激发出智慧的火花。

想象力不等于胡思乱想。它是有目的、有方向的。为了进行有目的，有方向的想象，父母可以指引女儿做一些思考性的想象。比如：女儿画了一只小兔子，父母可以带着女儿想象：小兔子的最大特点是什么？生活在什么样的环境中？它最喜欢吃什么食物……经过父母的引导想象，女儿的想象会更加丰富，落笔画画时可以画出更加生动的画面。

一个读小学二年级的媛媛从同学那儿借了一本童话书，故事中小公主生活在世外桃源的情节描写深深感染了她。她将这段文字读了一遍又一遍，并推荐给爸爸妈妈看。

吃饭的时候，媛媛又一次说出了自己的感受，"书上描写太美了，这

样的地方最适合我们住了，在我们城市怎么没有呢？老师说世界上最美的就是大自然，爸爸妈妈你们带我去找书上说的地方吧！我们离开城市生活吧！"然而，父母的回答无情地碾碎了媛媛对自由自在的生活的想象。父母说："书上写的这种地方你也相信？我们这么大还没见过呢，在城市里生活有什么不好，再说把城市变成你想象的那样，是你一个人能做的吗？你把精力多花在课本和作业上才是正事。"媛媛含着眼泪跑回了房间，把书本扔在地上。

想象可以用六个字来概括：昨天，今日和明天。昨天所有的想象都可以成为明天的起点，留给女儿的是创造发明的动力。明天需要女儿好好地计划操纵，努力把想象变为可能。为了明天收获惊喜，父母要珍惜女儿头脑中蹦出的"鬼点子"。父母用成人的眼光来帮他分析可行性。如果女儿的想象不可能实现，也不要批评她不切实际，要积极引导她，保护她想象的热情。

敢想敢为的女生是好样的。女生有了想象，才会有了实践的方向。采取了行动，做出了实践，才有可能获得成功。很多女生在上幼儿园的时候，就表现出出色的想象力。比如女生爱画画，善于在画中描绘自己的想象。她为自己画了一条裙子，并且在上面画出各种不同的装饰图案，其丰富性和多样性让大人也自叹不如。

对于女儿的奇思妙想，父母不要大惊小怪，而要积极地鼓励她将自己的想法和日常生活结合起来。当孩子有了想象，父母可以帮着女儿找材料进行创作。让女儿养成仔细观察生活的习惯，发现生活中的不便之处，才会充分发挥自己的想象力和创造力去努力改变它，女儿勤于思考，善于动手，一生都将获益。一个既不敢想，也不敢做的女生，会永远停留在想象中，止步不前。

第五堂课

有些时候，允许女儿"没大没小"

　　生活本身就存在着很多的压力。北大女生也会遇到种种的烦恼与困惑，但她们并没有因此而生活在苦闷之中，他们懂得如何排遣，如何释放自己的压力，她们豁达的态度使她们时刻保持着内心的舒畅与快乐。作为父母当看到女儿压力较大的时候，可以放下自己的架子，与女儿"疯"在一起，感受大自然的美丽，活跃身心，彻底放松心情。女儿可能会有一点点"没大没小"，但却更有利于女儿健康快乐地成长。

1. 北大女生生活的笑容更灿烂

随着生活水平的提高，很多父母更加关注女儿吃与穿的问题，而忽视精神上的关怀。其实要想女儿成为北大女生，不仅在物质上要满足她，而且在精神方面也不能落后，女儿需要父母的陪伴，需要放松心情。她们不想只做个文文静静的淑女，需要释放自己的情绪，才能笑得更灿烂，生活得更灿烂，更有利于她成为乐观自信的北大女生。

女儿会有压力么？女儿会有心事么？有！特别是那些成绩不好，外貌也不出众的女生，她们会面临着来自各方面的压力，而父母大多看不见女儿身上的压力。如果女生心理上的压力，得不到释放，会影响她的学习成绩和快乐成长。

现代父母经常让女儿长时间看电视、玩电子游戏，或读报许许多多的课程，导致她们缺乏创意玩乐的自由时间。而且这些放松方式，不可以代替与父母玩耍获得的乐趣。为父母者要走进女儿的心里。当她觉得有压力的时候，就给她提供释放情绪的机会。父母为什么不试着和女儿一起玩呢？有的家长可能会觉得与女儿疯闹在一起，太不像长辈应该做的事情，长辈就应该有长辈的尊严。还有的父母是因为工作原因，没有心情和时间陪女儿一起玩。

阿娟每天下班回来，就觉得很累。忙完家务活，就什么也不想做了。可是，女儿总是精力旺盛地缠着她，一会儿要求讲故事，一会儿跟妈妈说这说那。忙碌了一整天的阿娟，终于受不了女儿的"不懂事了"。她愤怒地对女儿说："妈妈，忙了一天了，你就不能自己玩么？"女儿听了以后，把小嘴巴翘得老高，显得非常委屈。就这样，女儿碰过几次壁后，再也不缠着妈妈玩了。她开始喜欢一个人独处，跟洋娃娃说话，和妈妈也显得疏远了许多。

像阿娟这样的父母很多，他们白天忙于赚钱养家，晚上忙于家务，往往忽略了孩子。谁都可以理解做父母的辛苦，但是为了女儿能够快乐地成长，一定要抽出一些时间陪伴女儿玩耍。

很多父母希望自己的女儿把更多的时间用在学习上，比如去上补习班、舞蹈班等，把女儿的时间表挤得满满的，就别说让父母陪女儿一起疯玩了。喜欢别人的注意和被别人关心是女生自我意识发展到一定阶段的必然反应。随着女生感知的迅速提高，其表现欲不断增强，她们最不愿意被成人"冷落"，尤其是自己亲近的人。很多父母虽然让女儿生活在吃穿不愁的环境中，但和女儿的内心交流却很少，感情有些平淡。

女生精神上没有得到足够的关注，会觉得自己是被忽视的，甚至那些年龄更小的女生会认为自己的父母不爱自己了。于是，她没有勇气去亲近自己父母，不敢让自己的父母陪自己玩。女儿相信自己是不被爱的，怎么还能够发自内心的微笑呢？

女儿喜欢缠着父母玩，是出于对父母的依赖，也有可能是因为有心事想向父母倾诉。父母不要把陪女儿玩当做是一项艰巨任务来完成，每天哪怕是抽出30分钟，就可以让女儿笑容更多，更灿烂。比如父母陪孩子一起"藏猫猫、过家家"，或是与孩子一起捏橡皮泥，或是跟孩子聊一会儿天，认真地听一听幼儿园、学校里的趣事。总之，父母应该和孩子逗笑，打闹"疯玩"一阵。这种活动看起来有点幼稚、可笑，但这是让女儿笑得灿烂的最简单的方法。英国科学家发现，最快乐的童年记忆是一些简单的趣事。与之相比，电视、电脑和其他电子玩具都是童年记忆中最容易被遗

忘的东西。

同时，女儿的教育是需要感情投入的。少了父母的爱，女儿还怎么可能笑得灿烂呢？父母千万不要敷衍女儿。她是敏感的，能够察觉到父母是否心不在焉。如果她发现父母并不是真的想和她一起玩，她的自尊心会受到很大的伤害。陪女儿玩，就要全身心地投入，"疯"一点也没有关系，女儿的生活就会充实有趣。

还有一些父母也会陪女儿玩，但是收到的效果却不理想。父母陪女儿玩的目的是为了让她放松心情，绽放笑容。父母不要试图去控制她，自己要甘愿做女儿配角。女儿对什么感兴趣，父母就陪她玩什么。在玩的过程中，父母还有可能发现女儿的爱好与优势，并在以后的教育中加以引导。

父母陪女儿疯玩，能够让女儿获得更多的欢笑。但由于工作原因，父母只有晚上有时间陪女儿玩，所以父母要把握好度的问题。如果家长回来得太晚，就不要和女儿玩过于激烈的游戏了，因为这对女儿睡眠不利。

女儿的神经系统发育还不完善，抑制功能较弱，如果白天受到过强的刺激或晚上睡前玩过于激烈的游戏，会使女儿在睡眠时大脑仍处于兴奋状态，因而引发女儿睡眠中突然哭闹，好像做了噩梦一样。因此，为了让女儿睡个踏实觉，在女儿睡前不要让她活动过多，以免大脑兴奋过度。没有很好的睡眠作为保障，会影响女儿的健康成长。

玩对女儿的成长益处很多，可以促进她们的身心健康、自信心、想象力、社交能力、平衡感、时间空间观念、手指灵活度、逻辑思维、选择与判断能力、语言表达能力等等。而父母陪女儿疯玩，可以拉近与她的关系。

发自内心的微笑是源于心情的愉悦。女儿开心了，才能够笑得更灿烂。父母陪着女儿疯玩，让她成为家里的中心，收获自信，绽放笑容。父母让女儿拥有最灿烂的笑容，自己也随之展露开心的笑容。

2. 北大女生的健康人生源自健康的身体

正在长身体的女生需要适当的运动。运动能使骨骼强健，肌肉发达，促进身体健康发育。女儿没有健康的身体，学习、前途都是空谈。为了让女儿能成为一个健康的北大女生，就要培养女儿拥有一个健康的体魄，养成一成不变的锻炼习惯，父母要陪女儿一起锻炼，给予相应的辅导，为她将来成为一个北大女生打好基础。

中国有句古话："生命在于运动"。它道出了运动与生命的关系。人们要想维护身体健康，离不开运动。积极参加体育锻炼有利于女生的生长和发育。锻炼可使人体各种器官的功能得到增强，身体健康，有活力，学习起来才会有能量，效率也高，而且体育锻炼还可以帮助孩子形成某些良好的道德和意志品质。

由于现代社会的竞争压力越来越大，很多父母逼着自己的女儿去充电。女儿的课余时间被安排得满满的，却唯独少了做运动的时间。另一方面，父母也常常给女儿吃一些营养品，但是父母精心养育的女儿，却有着和林妹妹一样弱不禁风的体质。运动可以让女儿的身体更健康，父母一定不能忽视它。

王女士的女儿今年小学毕业，刚刚参加完了小升初的考试。如今，王女士最关心的不是女儿是否能够上一个好学校，而是担心女儿的身体健康。

王女士35岁才生下这个宝贝女儿。作为一位高龄产妇，她对女儿更是

疼爱万分。女儿从小娇生惯养，家里好吃好喝的东西都要先给她吃，可她的身体却一直比较弱，天气稍稍有些变化便开始感冒发烧。尤其到了小升初的阶段，父母希望女儿能够考上一个好学校，女儿的学习压力加大，身体状况也变得更糟，不仅食欲下降，还经常失眠，出虚汗。为了让女儿增加营养，王女士买来西洋参、燕窝、冬虫草等高级补品，想尽一切办法给女儿调养身体。然而，女儿的高级补品吃了很多，家里的钱也花了不少，可女儿的身体依然弱不禁风，整天有气无力，无精打采。女儿有两次无缘无故地昏倒在地，送到医院后又查不出什么病，把全家人吓得不知所措。最可怕的是在升学考试的第二天，女儿竟然头晕眼花，脸色苍白，浑身直冒虚汗，吓得家人不得不带着氧气瓶奔向考场。为了防止女儿在考试中间突然昏倒，王女士夫妻俩只好提着氧气袋守在考场门口，见女儿走出考场后，马上给她吸氧。

王女士想不明白，女儿吃了那么多补品，是很多孩子连见都没有见过的，为什么身体却还那么差呢？许多父母错误地以为，只要让女儿吃好喝好就可以使他们有一个健康的身体。而只要让女儿将全部的身心都用在学习上，考上一所名牌大学，就会有一个美好的未来。殊不知，这样正是犯了一个基础性的错误，如果没有一个好的身体来承载，何谈好的未来？有的父母又要说了，现代社会有更科学和更快捷的方法——滋补品。有位法国医生说过："运动就其作用来说，可以代替任何药物、但所有的药物都不能替代运动的作用"。

父母真心实意地为女儿好，就要改变自己的观点，给女儿运动的时间。女儿没有积极运动，身体得不到锻炼，学习自然成为空谈。为了女儿能够健康快乐地成长，父母应该把学业看得淡一些，陪女儿一起做运动。在女儿的运动中，父母起着非常重要的作用。

（1）父母要培养女儿对运动的热情。要想让女儿愿意运动，首先就要培养她对运动的兴趣。父母可以给她讲一些体育明星的故事，比如乔丹的篮球之路。父母还可以和女儿一起观看体育比赛，与女儿一起跑步、打球等都是促进她对运动产生兴趣的有效途径。在运动中，父母要营造一个放松的气氛，不要让女儿觉得为了运动而运动，而是要让女儿体会运动所带来的乐趣。这种锻炼方式会使女儿满心喜悦，充满激情，整个身心都得到发展。当女儿对运动的兴趣培养起来以后，父母不要忘记为女儿的体育活动创造物质条件，如给她买球拍、溜冰鞋等运动器材，使女儿能经常地锻炼身体，把对运动兴趣转化为具体的体育爱好。

（2）父母要主动学习，帮助女儿了解体育运动知识。父母通过学习了解一些相关的知识，能够为女儿提供更好的辅导。女儿不仅锻炼了身体，还学到了很多知识。女儿学习到有关的知识和技能后，才能提高其锻炼的积极性并提高成效。

在北京奥运会时，晓晓从电视上看到了羽毛球运动员为祖国赢得了很多枚奖牌，心中充满了敬佩和羡慕，也激起了她对羽毛球的兴趣。

父母了解到晓晓的愿望，就陪着她一起报了一个学习班。通过学习，原来对羽毛球一窍不通的父母开始有了打球的兴趣，后来还当起了女儿的陪练。女儿打得好时，父母为她喝彩；女儿打得不好的时候，父母鼓励她努力。晓晓也在这项运动中收获了很多的乐趣，身心都得到了锻炼。

（3）督促女儿坚持运动。小女生的自觉性和毅力不强，若没有父母督促鼓励，就可能出现"三天打鱼，两天晒网"的情况，不利于坚持锻炼身体的效果。对此，父母可帮女儿制定运动计划，明确运动的目标、内容、时间和强度，如规定女儿每天早上 6 点钟起床做晨练，节假日安排全家一起去爬山、远足等。如果没有特殊原因，指定的计划就要执行到位。这样可以磨炼女儿的毅力，也强健了体魄。

（4）指导女儿科学的安全的锻炼。父母陪女儿一起锻炼，要迁就女儿。所以制定的运动计划要从女儿的实际出发，循序渐进，使女儿乐于接受，能够接受，并自觉执行。运动会让人的身体机能发生深刻变化，过少

的运动量对女儿的身体机能无刺激作用，超负荷运动又会对女儿的身体造成损害。父母不给女儿安排超负荷运动，伤害她的身体或使她失去锻炼的信心，父母给女儿提供合适的运动量，帮助女儿对自己承受负荷的能力建立信心。父母还要多抽出一些时间陪女儿做运动。这是对女儿的最好的鼓励，也是检查女儿运动的情况，最重要的是防止女儿在运动中受到不必要的伤害。

锻炼身体的好处说都说不完，父母要为女儿在年少时期打下一个好的身体基础，相信没有哪个人愿意看到自己的女儿在日后的竞争中是因身体的原因而失败的，所以当女儿还小时，陪她一起做运动，养成锻炼身体的习惯，以强其筋骨，健其体魄。

3. 北大女生要与大自然为伴

今天的很多小公主们生活在钢筋混凝土铸成的城市中，父母以为，这些就是她的金色城堡。也许女儿对城市里的生活了如指掌，但对大自然既陌生又胆怯。亲近大自然是人的天性。父母要想把女儿教育成为北大女生，就为女儿提供出去旅行的机会，去那些原生态的地方，远离城市的喧嚣，感受大自然，让她与大自然为伴。

很多人都说今天的女生是幸福的，因为他们生活在一个物质富足、科技进步的年代，她们的生活就像小公主一样。他们的游戏不再是跳皮筋、丢沙包，而是价格昂贵、功能齐全的芭比娃娃和电子产品。在父母过分呵护和溺爱下，在电视、音响、电子游戏、电脑所制造出来的"虚拟空间"中，她们的成长已经丧失了这一亲近大自然的本性。这犹如在动物园中长大的野生动物一样，失去了自然生态条件，就势必会失去许多野性和本能。对大自然的陌生是这一代孩子的悲哀。

女儿对大自然感到陌生，一方面是社会造成的原因，一方面的责任在于父母的失职。很多父母觉得女儿年龄太小，嫌她麻烦，所以从来不带女儿出去玩。其实，父母只要计划好，带女儿出去玩并不是一件难事，而且女儿的成长也需要与大自然为伴。

晚上开窗通风的时候，从外面飞进了一只蝙蝠。恰巧被刚回到家的小

梅看到，见到蝙蝠在屋里盘旋的时候，吓得她躲到了妈妈的身后，连眼睛也不敢睁开。平日里小梅是个假小子，生性活泼好动，总是违抗妈妈的命令。但是小梅的最大弱点就是怕些小动物，比如蜘蛛、蜻蜓，偶尔见到天空中柔曼盘旋的蜻蜓，就会惊恐地抱紧妈妈说："妈妈，蜻蜓要给飞过来咬我了，我怕！"妈妈看着自己的女儿真是又可气，又可笑。

女儿之所以会对大自然的一切感到恐惧，是因为对它不了解。奇妙的大自然是女儿学习的天然课堂，更是女儿成长的快乐园地。父母带女儿出去游玩是亲近大自然的好机会。父母利用节假日，尽可能地领女儿去郊外踏青、远足、爬山、放风筝、游泳等。在接触大自然的过程中，父母要有意识地让女儿认识大自然，让她运用各种感官观察自然界。比如可以随时随地教她认识田野中的五谷杂粮、蔬菜瓜果、花鸟鱼虫等。父母教她欣赏大自然中的秀美风景，进而不断增加他们的审美情趣和环保意识，培养她对大自然的热爱。

带女儿出去玩，不是单纯地为了玩，父母要做一个有心人。大自然的魅力无穷，给人的启示也是无限的。女儿从小就有很多出去玩的经历，会增加她的见识。出去游玩而获得的知识远远比书本上的知识跟生动，更让女儿印象深刻的了。父母也要了解自己的女儿，她的天性里面有对新奇的事物好奇的成分，一起旅行游玩的时候可以激发她的这种天性。大自然父母女儿学习的环境也比比课堂学习更能让她兴奋与期待，从而更有突出的参与性。

走出家门，亲近自然除了可以扩大女儿的知识面，还可以让女儿的心情变得更开心。看过了城市里循规蹈矩的生活，对大自然就越发渴望。大自然中温暖的阳光、晶莹的露珠、甚至是泥土的气息都会给女儿带来活力，体会自由的感觉。让女儿在大自然的环抱中，充分接触阳光，让皮肤感受到阳光的温暖，是一件多么幸福的事。比整天让女儿老是在家吃得更多更好，穿的更多更好，玩的更多更好是更有意义的。

让女儿与大自然为伴，还可以让女儿更健康。因为女儿接受紫外线的照射，使身体内产生维生素D，可预防佝偻病。而且大自然中的新鲜空气，以及女儿玩耍中消化了能量，可以促进她食欲，使她面色红润、精神饱满。大自然中的温度变化，可以培养女儿调节自身体温以适应外界温度变化的能力，增强自身抵抗力，使身体更加健康。

自然界就是一本生动的百科全书，可以演绎出很多内容。女儿的成长需要大自然的陪伴，而女儿是否能玩得开心、有收获，关键要看父母的积极调动、策划、完成。在带女儿出去玩时，父母不要对女儿太严肃、不要限制太多。既然出来玩，就让她玩得尽兴。父母应该多给女儿一些自主权，让她尽量放松，心情愉快。应该让女儿在每一次活动中能够有所得，必须是寓教于乐，而不是说教。

如果父母对女儿管束太多，不仅很扫兴，而且女儿得不到锻炼。女儿刚对什么事物产生了兴趣，父母就阻止说："这个不能碰。""那个很危险。"女儿会变得很胆小，对未知事物更容易产生恐惧。曾经在报纸上看到过这样一幅漫画：学校组织学生集体春游，孩子的旅游车在前面开，爸爸妈妈的队伍在后面跟，一名家长边开车边接电话"宝宝她妈妈，放心吧，家长都跟着呢。"

知心姐姐卢平说过："让孩子拜大自然为师。"特别是今天的独生子女，缺乏接触大自然的经验。父母要为女儿创造亲近大自然的机会，但是父母不能给女儿一种依赖关系。父母不可能保护女儿一辈子，女儿终归要适应自然的力量。希望父母多给女儿勇敢尝试的机会，让孩子拜大自然为师。父母支持女儿去亲近大自然，不要等孩子需要实践经验了，再临时去寻找，到那时候已经迟了！

陶行知曾经批判过旧式教育："读死书、死读书、读书死"的观点，

同时提出了"生活即是教育"、"社会即学校"、"教学做合一"为核心的生活教育理论体系，为教育的创新与发展做出重大贡献。事实也证明越是与大自然亲近的女生，越容易感情丰富；越是活泼好动的女生，越使生活乐趣无限；而感情丰富又活泼好动的女生，往往是热爱生活、富于创造的人。父母要多花些时间带着女儿走进自然，让她在大自然中经风雨见世面，去开阔眼界，增强自己的耐力，热爱大自然，成为一个能与大自然和谐相处的人。

第六堂课

传统文化，让你的女儿更有韵味

北大女生是美丽的，因为她们不但具有现代女性的魅力，而且继承了中国传统女性的优点。女性的外在美不仅仅在于人们理想中的描述，更在于一个民族演变出来的传统特色之美。如中国传统文化中，提倡女人要知书达理、温文尔雅。所以，父母要有意识地让女儿接受优秀的传统文化地熏染，注重她的道德修养，人文精神，审美情趣和文化品位的培养。

1. 良好品德是成就北大女生的一堂必修课

美德是女儿拥有的一件最好的礼物。美德是指高尚的行为和优良的品质，美德也是北大女生不可缺少良好品质。一个缺少美德的人是不被别人和社会接受的。父母要想把自己的女儿培养成为受人喜爱的北大女生，就要让她拥有美德，这样更能让女孩成为北大女生。

父母通常都明白美德的重要性，也都希望自己的女儿是一个有道德的好人。但在现实生活中，面对升学压力，父母选择当前最关心、最重要的教育内容时，父母们不约而同地把热点目标指向了学习。从家庭教育实际看，大多数父母也把孩子的学习问题放在第一位。

拥有美德是做人的基础。知识与美德是不成正比的。知识掌握得多，有助于提高道德认识，但道德是需要实践的，必须进行情感培养、意志培养和行为训练，否则就会知行脱节，说一套，做一套。假设一个知识渊博的人没有美德，心理上不对自己有任何的行为约束。这样的人对社会是最危险的。不管父母多么的望女成凤，都不要让女儿光顾着学习。父母都有望女成凤的心情，但是女儿"成凤"没有比"成人"更重要。

父母把对女儿美德的培养，挂在了嘴边，产生了一种偏差。父母认为：美德教育可以慢慢来，只要不出什么大毛病就行，多抓学习才是最实际、最实惠的。有的父母还认为：女儿还小，慢慢长大了就懂事、懂礼貌、懂得关心人、有好习惯了。殊不知，恰恰是父母放松了对女儿的教育，会使女儿养成一些不良品质、不良习惯，再改就很难了。

培养女儿的美德要趁早。柏拉图在《理想国》里有过精彩的论述：年轻时形成的观念是很难消除和改变的。因此，年轻人成长时首次听到的故事应该是美德的典范……这样，我们的年轻人才能在健康的土地上成长，沐浴着阳光雨露，接受美好的事物。一切美好的东西，辛勤工作的本性，像来自纯净之地的和煦春风，吹进了人们的心扉，不知不觉地，从幼年时候起，孩子的心灵就与一切美好的事物拉近了，对它们有了天然的亲近之感。没有哪种训练能比这更高贵了。

父母在生活中要以身作则，不要让自己的不良行为影响了女儿。父母要孝敬自己的父母，信守诺言，乐于助人，遵守社会秩序等的行为是对女儿最好的"启蒙教育"。父母的人格素质，会让女儿在爱的熏陶下逐步发展成熟。如果父母自己总是做出一些不文明的行为，还有什么资格教育自己的女儿做一个文明的人呢！父母的不良行为威胁着自己在女儿心中的权威形象。父母是女儿的镜子，也是孩子模仿的对象。父母还可以寻找一些成功人士作为女儿学习的榜样，尤其是女儿敬佩的人。榜样的力量是无穷的，女儿用自己的眼睛看到成人严肃的道德感，渐渐培养和形成自己严肃的道德感。美德是被感染的，不是被教导的。父母过多的说教，不仅让女儿感到厌烦、呆板，而且女儿未必能够理解父母的好意。

过分溺爱导致启蒙教育失调，它是女儿拥有美德的最大障碍。现代家庭普遍存在娇纵、护短、偏爱等不良教育因素，父母在疼爱女儿的同时，不注重培养女儿的劳动观念、吃苦精神和独立生活能力，让她们变得无力气、无爱心、无责任、无感动。

奶奶六十大寿，孙女非要先吃一块生日蛋糕，妈妈不允许，孙女犯起了横："不让我先吃，你们也别想吃！"一巴掌把生日蛋糕打翻在地。奶奶伤心地说："我爱了你12年，你爱我一天也不行吗？"

小女生有今天的行为，让我们不难想到他平日里，一定是娇生惯养，

霸道，事事不让人；粗野成性，随便打人，骂人，爱说脏话。她肯定不是天生就是这副样子，这都是父母"培养"造成的结果。

父母给予女儿的爱是无私的，但从教育孩子的角度来看，父母一定要对女儿有所求，这是培养女儿的好方法。女儿在享受父母之爱的同时，也要学会用自己的爱回报父母。父母要从小培养女儿孝敬父母、关爱家人的品格。比如大人们可以提醒女儿来关心自己，让女儿体会到付出的快乐。父母工作一天已经很累了，可以要求女儿来做一些简单的家务。如果女儿表示拒绝，父母应该表现出不高兴，不能随着她的性子。当然女儿答应做事情时，父母也一定要去鼓励，比如夸夸她，抱抱她。

娜娜被邀请去参加小伙伴的生日会，回来后有些闷闷不乐。

妈妈问娜娜："今天玩得高兴吗？"娜娜点点头。

妈妈问："那为什么你有些不高兴呢？"

娜娜有些嫉妒地说："娜娜的生日是在大酒店里过的，而且收到了各式各样的礼物。我就没有过过那样的生日。"

妈妈笑了笑说："娜娜过的生日确实没有她的那样热闹，但是妈妈始终记得你的生日。娜娜，你知道妈妈的生日是哪一天吗？你想过给妈妈过生日吗？"

娜娜看了看妈妈，有些不好意思地低下了头。

于是，妈妈把话题一转，说"你从呱呱坠地的婴儿，成长到今天的小女生，里面包含了父母多少的心血和汗水？你也要学会感恩，学会孝敬爸爸妈妈，体贴爸爸妈妈！你关心我们，让我们感觉到你的爱，我们会很快乐的，因为我们有一个知道心疼人的好女儿。"

今天的小公主无尽地享受着父母的爱，但父母却忽视了对女儿的教育。因此，这份爱也常常是一种单项传递，而不是相互关爱。当女生能够把别人给他的关爱转化为对大家的关爱时，才是真正拥有了爱，才能够知道孝敬长辈。

父母要想让女儿拥有美德，父母要善于解决女儿在生活中遇到的冲突。女儿与别人在一起玩时，免不了会有冲突。当发生冲突时，爸爸妈妈常常感到为难：即便错在别的孩子，如果去批评他，也显得自己"护犊子"；如果不论青红皂白，总批评自己的女儿，又会委屈她。其实，只要父母变换一下思考问题的角色，就可以把冲突变成女儿学习为人处世的绝好机会，让她通过解决冲突获得成长，知道什么是真善美。

一个受大家喜爱的女生，内心必然充满了博爱心、仁慈心、善良心、同情心。女生再把这些运用到社会上去，才能够与人为善，才能够找到自己的真爱，才能使人感到幸福、愉快、轻松，才能够建立和谐的人际关系。

2. 自尊自爱，是北大女生获得认可的前提

自尊自爱就是让北大女生懂得自己爱惜自己，保护自己，维护尊严。人贵自尊自爱，如果自己不尊重自己，别人为什么要尊重你，这一点对北大女生而言，尤为重要。要想把女儿培养成为一个北大女生就得养成女孩自尊自爱，不懂得自尊自爱的女生，是无法得到别人的尊重与爱的；一个不懂得自尊自爱的女生，是成不了大气候的，更不别说成为一个北大女生啦。

自尊自爱的女生，是内在美的一种反映，人们对这样的女生是尊重和欣赏的。而不自尊自爱的女生常常被人视为无可救药，成为人们茶余饭后的娱乐话题。这样的女生得不到别人的珍视，如同一本杂志，看过之后就可以随手即扔。而自尊自爱的女生是一本百读不厌的长篇巨著，有着诱人的魅力。

自尊自爱是女儿心理发展中一个非常重要的问题，如何让女儿懂得自尊自爱、保护她的自尊心，是家庭教育中的一个重点，是父母教育子女的一门必修课。

父母要培养女儿自尊自爱的品质，首先要纠正自己教育观点中的误区。很多父母认为女儿那么小，还没有自尊心，也不能够理解"自爱"是什么。其实，这种观点是非常错误的。女儿年龄虽小，但也有自尊心，而且自尊心非常的脆弱。粗心的父母们常常会无意中伤害到自己女儿。

悦悦妈妈在客厅里跟串门的阿姨聊天，妈妈一直在抱怨悦悦尿床给自己带来的困扰，"悦悦都满两岁了，不知道为什么还尿床。一到阴天下雨，尿湿的被褥半天都晾不干，用烘干机烘干的被褥还有一股尿骚味儿……我可真是对他没有办法了？"悦悦妈妈正说得起劲，一回头，忽然发现女儿悦悦正气鼓鼓地站在客厅门口，双手攥拳，怒发冲冠，小脸涨得通红。妈妈心里"咯噔"一下：我是不是伤到孩子的自尊心了？

"尿床"对很多孩子来说都是一件丢脸的事情，尤其是对那些年龄稍大一些，认为自己已经长大了的孩子更是敏感。妈妈的无心之举把悦悦的糗事宣扬出去，伤害了悦悦的自尊心。所以，父母不要拿自己女儿的缺点或者糗事跟外人说，会给她造成心理负担。

女儿的自尊心，是随着她的自我意识和自我评价的发展而发展起来的。一般来说，女生在3岁左右开始逐步形成。在日常说话中，她开始使用"我"来称呼自己，具有了一定的判断能力。在教育女儿的过程中，父母要认识到每一个女生都是一个独立的个体。她具有与成年人一样的平等的权利。父母不保护好女儿的自尊心，就会可能给女儿的心灵留下抹不去的伤痕。父母在与女儿的相处中，要特别留心有可能伤及她自尊心的行为，万一觉察自己已经伤到女儿的自尊心，不可置之不理，而一定要采取适当的补救措施，这才是呵护女儿的稚嫩心灵，保护其自尊心的"榜样行为"。

自尊是一种具有积极意义的品质，能够让人关注自己，尊重自己的感受。心理学的研究成果表明，孩子的自尊水平将影响他们未来的学业和社会交往等各方面。在日常的生活中父母要尊重女儿的隐私权，在公众场合注意给女儿留面子，给予女儿积极的暗示，帮助她形成积极的自我评价，给她创造锻炼能力的机会，等等。父母通过这些方法培养一个自尊水平高的女生，为其未来发展奠定良好基础。

如果一个人不爱自己的话，他就不会爱别人。自爱还是一个人得以生存和发展下去的巨大力量。父母帮助女儿在早期生活中懂得了自尊，才会

更加自爱。女儿学会正确地认识自己、爱护自己，有利于促进她心灵的健康成长。与自尊自爱相反的是不懂得自爱，表现在女儿身上则是不能正确地认识和评价自己，同时缺乏自我保护的意识，这种心理对女儿的身心健康成长以及今后的生活、学习十分有害。

一个拥有健康的自我评价能力的人是值得爱的。那些缺少自尊的人，常常会觉得别人都讨厌自己，觉得自己很笨，很渺小。当自己犯了错误或者做什么事情没有达到自己的要求时，会对自己有一个负面的评价，怀疑自己的存在价值，从而否定自己。

女儿从小就自己有一个负面的评价，有可能是因为父母的教育过于严厉，给女儿造成了压力。女儿在压力之下，会对自己提出一些要求。一旦目标不能够实现，她就会怨恨自己，批评自己。现实就有着一些孩子由于承受压力过大，对自己失去信心，而选择了自杀。

父母培养女儿的自爱，要起到引导作用。在女儿做得好的时候，为她喝彩；在她做的不尽理想的时候，为她打气加油。父母要在平常的生活中，帮助女儿敞开胸怀，学会善待自己，愿意接受自己所做的一切。在人生路上遇到坎坷，不要过分苛求自己，给自己足够的重视和关注。父母要给女儿强调"我"的概念，不是让女儿变得自私，以自我为中心，而是按照自己的意志而不是别人的价值来判断的自己。让女儿去直面生活中的诸多问题，渐渐学会自我思考，观察自己，体会自己。

当你的女儿学会了认识自己，了解自己，理解自己，那她就学会了接纳自己，一步步迈向自尊自爱，并且相信谁也不能轻易地践踏自己所拥有的。同时女儿能够懂得自尊自爱，也会理解别人的自尊，对爱别人也会更加宽容。父母在教育女儿时，既要顾全她的自尊心，又要肯定她的优点，增强和激发她的自爱。

3. "己所不欲，勿施于人"是与朋友相处的准则

"己所不欲，勿施于人"出自《论语》，是孔子的经典妙句之一。它指的是自己做不到的事情，不要强加给别人。也就是说人应该宽恕待人，这是做人的美德，也是一种明智的处世原则，更是北大女生的做人准则。

这句话揭示了重要的人际关系原则。孔子的这句话是指人应当以对待自身的行为为参照物来对待他人。人应该有宽广的胸怀，待人处世之时切勿心胸狭窄，而应宽宏大量，宽恕待人。如果一切以个人利益为中心，只顾及自身的感受，而忽略了他人的感受，那么这个人的人际关系肯定是一团糟。

在社会上行走，人际关系很重要。别人为什么愿意与你做朋友，是离不开你做人的原则。倘若你把所讨厌的事物，硬推给他人，不仅会破坏你与他人的关系，也会将事情弄得僵持而不可收拾。

父母要让女儿明白"己所不欲，勿施于人"的道理。这是宽容待人，尊重他人，平等相处的体现。人生在世除了关注自身的存在以外，还得关注他人的存在，人与人之间是平等的，切勿将自己的意愿强加给别人。

佳雯已经3岁了，是个有些淘气的小孩子。一天夜晚，妈妈坐在床上看书，佳雯在一旁玩一个塑料夹子。玩着玩着，她突然就把塑料夹子夹到了妈妈的鼻子上。妈妈被塑料夹子夹疼了，"哎哟！"地叫了一声。没想到佳雯看看妈妈喊疼的表情，却咯咯地笑了起来。于是，妈妈就拉过佳雯的

手，把塑料夹子夹到了她的大拇指上。被夹子夹到的佳雯，刚刚还在开心的大笑，现在就哇哇地哭了起来。

妈妈看到佳雯已经得到了惩罚，忙为她取下夹子，问"宝宝，夹子夹在你手上痛吗？"

佳雯一边哭一边点头。

妈妈接着说"是啊，夹子夹在宝宝身上，宝宝会痛。那夹子夹在妈妈身上妈妈也痛的，下次宝宝不要用夹子夹别人了，好吗？"

佳雯听了连忙点头。从那以后，佳雯还是那么好动，还喜欢玩夹子，但是再也没有用夹子伤害过别人了。

父母要让女儿懂得将心比心，宽容的对待别人，站在别人的角度思考问题。对于很小的女生，有时候光靠给她讲道理是不行的，可以辅以一定的惩罚，让她亲自体会这种行为的直接后果。当然，这在不会真正伤害孩子的前提下进行。就像佳雯的妈妈一样，没有过分的批评女儿，只是给了女儿一个"体验的机会"，施以小小的惩罚，就让女儿明白了做人的道理。

让女儿明白：自己喜欢的，他人不一定也喜欢。如果你不希望别人怎样对待自己就不要那样对别人，如果希望得到别人的关爱，那就先要学会爱别人。女儿要学会换位思考，学会感知他人的感受。女儿学会这样做了，以后会成为一个善解人意，为他人着想的可爱女人。

人会习惯于站在自己的角度想问题，处理问题。而要做到己所不欲，勿施于人就要学会站在他人的立场上思考问题、处理问题，如果能够试着跳出自己的立场分析问题，会发现自己现在的很多做法都需要改变。

女儿能够做到换位思考，就等于做到了"己所不欲，勿施于人"。这样的女生是善解人意的，她可以从别人那里赢得更多的宠爱，自己也不会活得斤斤计较，小肚鸡肠。即使遇到了一些不愉快的事情，也会替对方想想，那么，这些事情也许就烟消云散了。

现在的女生，父母为他们报名学习舞蹈、声乐、美术等等，希望能够通过这些课程提高女儿的自身价值，成为一个人见人爱的气质型女生。但做一个气质女人就一定需要学习这些课程吗？一个永远受人喜爱的女生不是靠曼妙的舞姿，不是靠优美的歌声，而是靠心灵的美丽。

内心宽容的女生是美丽的。她将会为自己赢得更多的朋友，在人际交往上能更加受到欢迎。女儿宽容的内心，让她变得善解人意，为她拓宽了人生的道路。随着社会的前进，越来越多女生被父母溺爱着，有着"公主"脾气。在为人处世时，她们常常以自我为中心。如果别人犯了错误，就会不依不饶，总是觉得别人亏欠了自己。可是谁没有犯错误的时候呢？只要是做事情，就有犯错误的时候。父母要让女儿逐步明白这一道理，她就会对别人所犯的错误表示理解和宽容，自然不会因为别人身上的一些缺点、一点得失，和一些不符合自己品位及标准的事情而与人发生冲突，用自己的标准来要求他人，这样就可以避免许多矛盾和摩擦，从而与他人和睦相处。

己所不欲，勿施于人。父母可以引导女儿学会用多样化的标准去评价一个人。世界上的每个人都有着自己的特点和个性，那么父母一定要让女儿明白：在与他人交往的过程中，不要以自己为中心，不要让自己的眼光一成不变，要懂得求同存异，减少以自己的好恶为唯一标准去评价其他人而产生的狭隘和自私。

父母应该让女儿学会"推己及人"的心态。这是人际关系的"润滑剂"，要让女儿懂得去关爱他人，尊敬他人。不要用脑子生活，要用心去生活。用宽容的心态去接受周围的一切，关爱周围的人。只有这样女儿才能获得轻松。同时，父母也要做到表率作用，不要将自己的意愿强加到女儿的身上。宽容一点，大胆一点，留给她的将是海阔天空。

第七堂课

北大女孩都拥有好习惯

　　古希腊哲学家亚里士多德说过：优秀是一种习惯。北大女生之所以走向成功，能取得今天的成就，与她们本身所拥有的好习惯是分不开的。父母在女儿的教育过程中，她的一言一行经过日积月累的沉淀，就慢慢成为了习惯。习惯一旦形成，就具有极强的稳定性。父母应该要让女儿拥有一个好习惯，让好习惯成为她迈向成功的踏脚石，成为实现她的远大目标的阶梯。

1. 北大女生必须克服偷懒、拖拉的习惯

在培养北大女生的过程中，父母一旦发现其有偷懒、拖拉的现象，就要及时更正她的行为，以免变成一种习惯。习惯成自然，如果女儿养成了这种习惯，就会变得好吃懒惰、做事拖拖拉拉。这样的女生怎么能成为一个北大女生呢？

命好不如习惯好。一个好习惯，无论其大小，带来的影响将是巨大的，有益于你一生的。一个人的好习惯并非自然而成的，自然而成的常常是懒惰、生活无规律等等坏习惯。女儿养成偷懒、拖拉的习惯，究其原因不外乎与个人和家庭有关。

小女生年龄还小，自我控制能力弱，偷懒、拖拉是难免的。所以，父母要帮助女儿进行自我控制来培养好习惯。而父母的一些错误的教育观念和做法，助长了女儿把这一行为变成为了坏习惯。所以，为了让女儿纠正这种习惯，父母要先纠正自己的行为习惯，能够察言观色，对女儿的行为保持敏感、细心地观察，陪自己女儿一起克服偷懒、拖拉的习惯。

（1）要做"狠心"的父母，让女儿自己独立面对。女儿是父母掌上明珠，珍贵的不得了。父母把自己变成女儿的遮阳伞，成为女儿的避风港。女儿一遇到什么问题，父母就说："乖女儿，有妈妈爸爸在，不要怕！"久而久之，助长了女儿的惰性。她会想："反正有爸爸妈妈在，我什么也不需要去做。"

父母需要有意识地做一位旁观者，督促女儿做一些力所能及的事情，杜绝女儿的依赖心理。父母让女儿独立完成一件事情，会让她获得成就感，更重要的是树立"我能依靠自己能力做事。"

为了培养女儿的好习惯，父母要坚持：不许找借口。这对养成好习惯非常有帮助。对于一些不想面对的事情，人们通常会给自己找借口，以便求得自己或者别人的原谅。小女生也会有这种心理。如果父母接受了女儿的借口，她就会变得心安理得，就会因为这个借口而脆弱，逃避她应该做的事情，逐渐养成了偷懒、拖拉的毛病。

（2）父母要多鼓励女儿，坚持就是胜利。女儿在养成好的习惯的过程，也是在改掉不良习惯的过程。如果女儿不能改掉不良习惯，优良习惯也养不成。不过，改掉不良习惯是一项经常性的任务，必须时刻警惕不良习惯冒头。因为坏习惯不是一次就能够改正的，需要靠着意志力坚持一段时间才能够看到效果。在与不良习惯抗争的过程中，不良习惯就像一个罪恶的幽灵，时时刻刻窥测时机准备返回你的大脑，妄图主宰你的一言一行。这个过程就像是很多人戒烟，烟瘾抓的人心里痒痒。父母在陪女儿改正偷懒、拖拉的时候，多多鼓励女儿今天进步了，下次一定会更好。父母的鼓励是女儿克服不良习惯的精神支柱。

一个好习惯的养成过程是痛苦的，但好习惯一旦养成，将是女儿的终生财富，受用无穷。因此，父母要鼓励女儿坚持住，短暂的痛苦又算得了什么呢？只要父母与女儿去努力，得到的是一辈子的甜，这是一件很有价值的事情。

（3）为女儿制定改变偷懒、拖拉习惯的计划。当女儿出现了偷懒、拖拉的习惯，父母要保持心态平和，光靠呵斥她，不一定能够收到好效果。有了明确、科学的实施步骤，可以让事情变得更清晰，有条理，少走弯路。

努力坚持21天以上。据科学考证，一个人的一个习惯的养成一般平均时间在21天左右。因为，时间太短则不能植根到人的大脑内，形成长久的习惯。父母陪女儿改掉偷懒、拖拉习惯的一项重要工作就是监督工作。

制定明确的安排。这个安排包括时间安排和任务安排。父母可以为女儿做一个时间表，比如每天7点起床，花十分钟来洗漱。任务安排从小事做起，比如晚上上床前把自己的袜子洗了，并且不能拖到明天。明确的时间安排，具体的实施要求，有利于父母监督女儿的行为。

父母可以记录下女儿进步的点点滴滴。在学校里，表现出色的同学会被老师记录下来，并授予小红花。父母在家里也可以仿效这种形式。父母把女儿每一天的进步记录下来，与女儿一起分享取得成绩的喜悦。父母还可以适当地给予女儿一些奖励。这不仅是一种鼓励，也是一种督促。女儿会为渴望获得更多的赞赏而努力。

或者父母可以采取一些轻松的方式，帮助女儿改掉偷懒、拖拉的习惯，比如游戏、竞赛。帮女儿设计一张比赛成绩表，记下最初的时间，然后，每天记录实际完成的时间，如果比以前有进步，就给予奖励，如果没有进步，保持原状，或者退步，就不给予奖励。这种方法的目的在于缩短完成每一件事情所需要的时间，是克服拖拉的直接办法。

（4）父母的示范作用。女儿经常听到父母喋喋不休地训导其要有时间观念，做事情要勤快，但如果女儿反问父母的时候，父母可以给自己打多少分呢？父母没有一个好的行为习惯，做事情马马虎虎，把家里弄得乱七八糟，对女儿的说教将会变得空洞，毫无意义。父母要做女儿的好榜样，在生活中给女儿亲自示范。比如父母把家务事做的井井有条，再去教育女儿勤劳，做事一丝不苟。

习惯决定性格，性格决定命运。但是对于年龄还小的女生来说，这个道理很难理解。她们没有能力对自己的行为评价出好坏，通常会随着自己的性子，想干什么就干什么。所以，要克服其偷懒、拖拉的习惯，光靠父母讲大道理是不行的，还需要父母的陪伴、指导、帮助。父母的作用是帮助女儿树立一个是非观，监督并改正女儿偷懒、拖拉的不良习惯，这将让她受益终生。

2. 北大女生必须拥有良好的观察习惯

观察力是北大女生需要培养的重要能力之一。女儿观察力的发展，对其获取知识、认识世界、发展智力及良好的心理品质有着极其重要的作用。所以，父母要想把女儿培养成北大女生，就要培养女儿的观察能力，使女儿有一种乐于观察勤于思考的好习惯。

巴斯德曾经说过：在观察的领域中，机遇只偏爱那种有准备的头脑。人的智力活动是从观察开始的，观察是智力活动的门户。意大利科学家伽利略，从观察教堂里吊灯的摇曳开始，经过实验研究，发现了摆的定时定律。英国发明家瓦特，从烧开的水顶动壶盖的观察中琢磨出蒸汽机的基本原理，引发了一场深刻的资本主义工业革命。由此可见，一个观察力强的人能从一般人认为是司空见惯的事物中发现奇迹。一个观察力弱的人即使进入宝山，也可能空手而返。

任何一个人在成长过程中都离不开教育，而教育就是培养人的良好习惯。家庭是女儿的最好课堂，父母是女儿最重要的老师。父母的最大的责任就是教育她。而把女儿教育成才需要一个勤于思考的头脑。做好父母，先从培养女儿的观察习惯开始。让女儿成为一个乐于观察，勤于思考的聪明宝宝。

细心的父母一定会发现，女儿的观察力是天生就具有的。比如父母的言行会影响女儿，妈妈的穿着会让女儿羡慕，这些行为都是以观察为前提的。在生活中父母保护女儿观察事物的兴趣，把观察变成女儿的一种习

惯，才能让观察带动思考。

"观察"作为一种有目的、有计划、比较持久的感知客观事物的心理过程，需要父母从日常生活的点点滴滴做起，来培养女儿的好习惯。

（1）生活中的小事情也能够激发女儿的观察兴趣。父母可以利用平常生活中的事物引导女儿去观察。父母对家中的人和物都比较熟悉，可以随时随意地创造女儿观察的情境与机会。这种培养女儿观察的方法，是最简单、最容易的，远比通过书本的说教更能让女儿印象深刻了。

一天早上，妈妈给女儿馨予洗脸。妈妈在给女儿擦脸时，把自己的脸和她的贴在了一起，问："你说是妈妈的脸白，还是馨予的脸白？"馨予盯着镜子里的两张脸，说："妈妈的脸白，馨予的脸黑。"妈妈又问："那谁的头发长呢？""妈妈的头发长，馨予的头发短。"妈妈说："还有呢？"接下来，馨予主动把自己和妈妈进行了多方面的比较，说："妈妈的眼睛大，馨予的眼睛小；妈妈个子高，馨予个子矮；妈妈的手也比馨予大很多……"

上面的例子虽然讲了一个生活中微不足道的小事情，但可以让女儿观察并得出结论。在女儿一天的活动中，许多平常的生活活动，都可以被用来提高女儿的观察意识，当做培养女儿观察习惯的途径。如果父母能重视在日常生活中发掘，培养女儿观察生活的习惯，对她来说是终身受益的。

（2）父母要多带女儿到大自然中去观察。大自然是对女儿进行观察教育的最好资源。父母应该带领女儿走进大自然。

季节交替，冬去春来，花开花落。冬天快来的时候，4岁娟娟一直缠着妈妈问一个问题："妈妈，树上的叶子怎么都掉了呢！"妈妈说："对呀！因为冬天要来了。"妈妈又对她说："冬天温度很低。娟娟，冬天来了，还会怎么样？"娟娟说："冬天，要穿大衣，水会结冰，会下雪。"女儿说得并不全面，但这是她自我体验和观察的结果。

等到春天来临时，气温升高，妈妈每次带娟娟外出，都要和她一起观察大自然的变化。妈妈带她去看哪种花刚长花苞、哪种花正欲开放，哪种花是先长叶子。只要看到她不曾看到的，娟娟都会以惊喜的口吻告诉妈妈："我看见地上长出小草了，这个黄色的花开了，那棵树长叶子了。"有时，妈妈还会跟女儿比赛，看谁发现的变化多。大自然，让妈妈和娟娟感受很受惊喜。

由于能力有限，女儿不可能像成年人一样去独自广泛地接触自然，所以父母必须千方百计地为女儿创造各种各样的条件，丰富她的生活，为她提供听、看、动、思的机会。父母可以让女儿在四季的变化中去聆听、去观察、去思考自然界其妙无穷的变化，从而激发她探究自然的热情，为她进一步了解认识世界打下坚实的基础。

（3）亲子之间的游戏可以培养观察的习惯。女儿喜欢做游戏，如果能够将培养观察习惯融入游戏中，不仅可以让女儿玩得开心快乐，还可以提高女儿观察的能力与习惯。比如"找茬"游戏。相信父母对这个游戏不会陌生，取出两张相似的图片，让女儿找出它们之间细微不同的地方。如果没有可用的图，还可以让女儿在一大堆玩具中找出相同形状的玩具，或者进行玩具分类、摆放。其实这种培养女儿观察能力的玩具，在商店里有很多，父母可以去为女儿挑上一两件。

总之，父母首先要培养女儿的观察意识，带着女儿进行有目的、有计划地进行观察活动。事实上，女儿的观察任务，直接影响观察的效果。观察的目的和计划越明确，女儿的注意力就越集中，观察也就越细致、深入，观察的效果就越好。在观察过程中，父母还要调动女儿全方位的感觉器官，有利于女儿全方面的了解事物。在观察之后，父母千万不要忘记向女儿提问。父母的提问可以消除女儿对观察物产生的疑惑，把思考和观察结合起来，让女儿获得知识，激发观察的更大热情。

最后要提醒父母的就是，要想女儿具有观察习惯，就要抓住女儿的好奇心。一个人对事物的好奇心越强烈，就越具有探索的眼光。如果一个人对周围的事物都熟视无睹，就不可能耐心地去观察，发现新事物。聪明的父母就在于及时抓住了女儿的好奇心，通过实际行动引导女儿去观察。

3. 北大女生成功的信条是细节决定成败

老子曾经说过：天下难事，必做于易；天下大事，必作于细。他精辟地指出了人们想要做一番大事，必须从大的事情做起，从细微之处着手。生活中并不缺少雄才伟略的人，但是他们常常会因为心浮气躁，忽视细节而没成就自己的梦想。培养北大女生也是如此，父母如果忽视女儿的细节教育，根本不能培养出一个北大女生。所以，父母要告诉女儿：要想成为北大女生就要注意细节，因为细节决定成败。

生活中的一切都是由一点一滴的细节构成的，但细节往往容易被人忽视。父母在教育女儿的过程中，树立她的细节观。女儿的良好品格和习惯，不仅来自日常生活中每个细节酝酿，也充分反映了父母对女儿教育的关注与介入程度。

父母要让女儿重视细节，首先要从自己做起，并体现在自己的教育活动中。成功的家庭教育中，父母是主导，女儿是主体，主导者可以教育主体重视细节。父母对女儿的教育中体现着自己对小事的态度，如果父母是一个不注意细节的人，那么，女儿也会受父母的影响，忽视细节对成功的关键作用。

现在很多父母把女儿的学习放在了第一位，其他方面都可以暂时不去考虑。比如女儿的生活细节、道德细节、文明细节、安全细节忽略不管。父母认为女儿聪明过人，平时乱丢垃圾、磨蹭、懒惰、丢三落四都是小节，算不了什么，女儿大了就会明白。这种"小节无害"的错误教育观念，会让女儿的品格从小发展得不平衡，女儿会像父母一样，认为有些小事不必去计较。正是这些无数个不良的细节和小事，在腐蚀着女儿的心灵，慢慢对其人生观和价值观产生难以磨灭的影响。到那时，女儿怎么能够成为一个受人喜欢，举止优雅的女生呢？

细节观点的教育可以从看似微不足道的细枝末节入手，从生活中的点点滴滴开始潜移默化。父母用生活是小事情来告诉女儿：细节决定成功。

妈妈希望女儿成为一个有礼貌的女生。于是，在平时的教育中，妈妈常用一些小事来教育女儿。

一天，妈妈带着女儿坐出租车。等妈妈付完钱下车后，女儿问妈妈："妈妈，你给他钱，为什么还说'谢谢'呢？"

妈妈告诉女儿："叔叔把我们送回家，车跑这么远的路，他很辛苦，我们不仅要给他钱，而且还要表达我们对他的感谢。宝贝儿，表面上看对帮助过你的人说一声'谢谢'是一件很小的事情，其实它很重要。对人多一分感激、多一分尊重，没什么不好的。而且你要记住，懂礼貌的女生是受人欢迎和喜爱的，你希望大家都喜欢你吗？"女儿认真地点了点头。

在以后的日子里，女儿每次从出租车下来，或别人帮她做事情时，女儿都会说一声"谢谢"。不管是在幼儿园还是在家里，大人们都夸她是个惹人爱的小女生。

细节教育是一个人成败的关键。父母重视女儿的细节教育有助于其全面发展，而且父母本人重视细节，能够让女儿意识到细节的重要性。父母要让女儿明白，很多不起眼的小事可以提升自身价值，帮助自己获得成功。

从小事做起，抓住细节是一种正确的心态。这种心态要求女儿不好高骛远，懂得千里之行，始于足下，让她明白成功得来不易，需要长时间的坚持不懈，让她遇到挫折不气馁，因为只要每天进步一点点，就一定能获

得成功!

父母要在教育女儿的过程中注意细节，并在她成长的道路上引导其认真做好每一个细节。也就是说，先让女儿养成严谨的习惯。2至7岁的女儿正处于模仿力强的时期，所以父母要改正自己身上的不足之处。如果父母稍一疏忽，被女儿捕捉到，就有可能成为女儿日后质疑自己的证据，所以父母要谨言慎行。让女儿拥有严谨办事的习惯，需要父母有细致入微的观察力和以小见大的分析力。对于女儿出现的不良"苗头"，父母一定要及时铲除。

另外父母可以多给女儿讲一些关于细节决定成败的故事。父母根据女儿的表现，自己编造些能说明问题的故事，帮助女儿分析问题。或者买些有教育意义的动画片，让女儿在欣赏动画片的同时感知只有做事认真、抓住细节的女生才能把事情做好。没有哪个女生不爱听故事，不爱看动画片的。用这种方式来教育女儿，比单纯的说教更能够让女儿记住。

父母作为女儿的第一任老师，要让女儿懂得细节是全局的基础细胞，只有注重一个个细节，才能把握全局，走向成功。经济学家说过，行动在于细节，任何大事情，最终还是要落实到细节上。海尔总裁张瑞敏先生也曾表示：把每一件简单的事做好就是不简单；把每一件平凡的事做好就是不平凡。细节是决定全局成败的关键，要取得成功，必作于细。所以细节决定成败。

生活中往往有一些细节为人们所忽视，可有些事情就是因为这些细节而功亏一篑。父母要让女儿保持一个谦虚、严谨的心态，去做一些细小琐碎的事情。今天的付出是为了收获明天的成功。父母关注女儿的细节教育，让女儿懂得抓住事物的细节，善于利用每一份契机，那么成功将不在话下。

第八堂课

气质，是北大女生拥有的一种无以言说的魅力

　　北大女生的真正魅力主要在于其特有的气质，这种气质对同性和异性都有吸引力。这是一种内在的人格魅力。气质美看似无形，实为有形。气质外化在一个人的举手投足之间。它是通过一个人的穿衣打扮、个性特征、言行举止等表现出来的。如果女生把优雅的举止与内在良好修养结合起来，那就是一个气质高贵，备受人们喜爱和欢迎的女生了。

1. 审美观，凸显北大女生的气质

审美观是人们经过长期的社会实践形成的一种对事物的认识。审美观既是一种视觉上的感受，又是一种心灵上的体会。北大女生注重树立审美观，这样可以让北大女生选择更适合自己的衣服、饰品，让自己更美丽，更自信。

父母不要觉得女儿还那么小，不会在意自己的外表，其实爱美不仅是女人的天性，也是小女生的天性。但不少父母都对女儿爱打扮表示担心。一个人的生活习惯是自幼养成的，其中包括穿衣打扮。小女生从小就爱打扮，希望自己更漂亮的想法，不得不引起父母们的关注。

班里的小雯特别爱漂亮。有时候天气冷冷的，她还是爱穿着漂亮的裙子来学校。而且每次经过有镜子的地方，她总是会停下来照一下。理理自己的头发、拉拉自己衣服。

有一天，小雯的妈妈很无奈地对老师发牢骚："老师，你帮我管管小雯吧！她天天起床都吵着要穿漂亮衣服，不顺她的心就赖在床上怄气。我真的拿她没有办法。"

爱美之心人皆有之，女儿也爱穿衣打扮很正常。可是，有的父母因为女儿喜欢穿衣打扮，心里开始七上八下，甚至"浮想联翩"：女儿这么小就爱臭美，是不是早恋了？如果不是早恋也肯定会影响学习啊！父母不要因为女儿小小年纪就臭美，而批评她。爱美是她的天性，父母不要扼杀她的天性。

如果你的女儿开始在意自己穿衣打扮了，说明您的女儿已经到了审美的敏感期了。这是女儿一生中最关键的时期，父母有些紧张过度了。这个时候，女生开始追求美丽，并希望自己能够完美。

父母要把握好这个时期，教会女儿何谓审美，比如，并非鲜艳的就是最美的，穿衣打扮要讲究色彩的搭配，告诉女儿扎辫子未必最美，不同的发型要配不同的场合和服饰。女儿认为自己现在的衣服不漂亮，也不要过分地批评她，等到下次买衣服的时候，不妨带她去，让她自己去拿主意。如果女儿喜欢留长头发，父母就不要勉强她留短头发。父母总是否定女儿的想法，只会让她在叛逆期里更加叛逆。父母要尊重女儿的要求，满足她的审美愿望。

父母满足女儿的审美愿望，不是纵容女儿的行为，而是要帮助她树立审美观，给她的审美提出意见。父母不要担心女儿穿衣打扮会教坏她。与其女儿自己瞎弄，不如教她正确的色彩搭配，对她打造一个自信的形象有帮助。比如妈妈可以说："你要穿这条裤子，可你看，这条裤子的颜色可否搭配深蓝色的上衣呢？你看看，是不是搭配这件浅黄色的更漂亮？""这件圆领娃娃衫，是否配上BB头更漂亮？""扎辫子就不合适了吧？"父母在女儿穿衣打扮的问题上要有耐心，试着和女儿讨论，鼓励女儿说出自己想法，父母的话女儿才会听得进去。如此这样，才能培养女儿的审美观。

晚上，女儿淑婷的房间里传来一阵"嗒嗒"声，就像是硬物敲击地板的声音。

妈妈觉得很奇怪，推开女儿虚掩的房门，眼前的情景令她忍俊不禁。只见淑婷穿着她那双红色的鞋子，在房间里扭着腰走猫步。不过，让妈妈觉得奇怪的是，淑婷的鞋子刚买回来时是平底的啊！现在却变成了高跟了呢？

淑婷看见妈妈进来，嘻嘻一笑，说："妈妈，我穿高跟鞋走路的姿势

好看吗？"

妈妈点头答道："非常好看。不过，你的鞋子怎么变高啦？"

淑婷脱下鞋子递给妈妈。妈妈一看后，不禁张大了嘴巴。原来，女儿竟然用强力胶将积木粘到鞋跟上，把鞋子改成高跟鞋！妈妈问淑婷："乖女儿，为什么要这样做呢？"淑婷看着妈妈放在鞋架上的高跟鞋说："妈妈穿高跟鞋走路的样子，特别好看，所以我也想给自己做一双高跟鞋。"

妈妈说："可是强力胶粘得太紧了，积木取不下来，你这双鞋子就浪费啦！"

淑婷兴奋地说："取不下来更好，那我以后可以总穿高跟鞋啦！"

妈妈无奈地笑了笑，以为女儿只是一时贪玩，谁知道第二天早上，女儿竟然非要穿着那双"高跟鞋"上幼儿园不可。妈妈拗不过淑婷，只好依了她。

到了晚上放学的时候，妈妈发现淑婷并没有像往常那样，见到她就兴奋地跑过来，而是蹲在地上，一副愁眉苦脸的样子。妈妈连忙报过去问："宝贝儿，怎么了？"

淑婷低头看着自己的脚，低声说："妈妈，我脚疼。"

妈妈被逗得又好气又好笑："把鞋子脱了吧，妈妈抱你上车回家。"

可女儿还是倔强地说："不脱，今天幼儿园的小朋友都说我穿这双鞋子好看。"女儿说。

回到家后，妈妈看到女儿脚上磨起的水泡，心疼不已。给她搽药的时候，妈妈问："宝贝儿，你爱漂亮吗？"

淑婷用力点了点头："爱！"

"可是，宝贝儿的骨骼还没发育成熟，穿高跟鞋会造成畸形脚，比如脚趾外翻，等你长大了，你的脚就会变得很丑很难看了。"

淑婷吃惊地看着妈妈说："那……怎么办？我就是喜欢高跟鞋呀？我什么时候才可以穿高跟鞋？"

妈妈说："等你长大之后，像妈妈这么大，就可以穿了。"

女儿听了，有点泄气地说："唉，我什么时候才能长大呢？"

妈妈故意叹息了一声，靠在沙发上说："妈妈跟你相反，妈妈希望能变得跟宝贝儿一样小。"

女儿听了，纳闷地看着妈妈，好一会儿才问："为什么？"

"因为像你这么小，就可以穿公主裙，扎小辫子，把自己打扮得漂漂亮亮，再穿着平底的卡通鞋，蹦蹦跳跳地向爸爸妈妈撒娇。"妈妈说完，看了看女儿，只见她托着腮帮，歪着脑袋，一副若有所思的样子。

第二天，女儿又穿上了她的卡通鞋。

女生天生对美是敏感的，从小就开始注意身边的人是怎样穿衣打扮的。小女生都曾经梦想成为一个像妈妈那样美丽的女人，当她开始向往妈妈的口红和高跟鞋时，就好像一朵小花苞在向往着花儿开放的时刻。妈妈可以利用女儿的模仿行为来引导她的审美观。因此，妈妈的言行举止和穿衣打扮就在其中起着非常重要的作用。

妈妈在生活中要注意自己的形象，不要整天不修边幅，穿不端庄的衣服。妈妈对女儿的穿着的评价，可以影响女儿的穿衣打扮。妈妈要做女儿的形象顾问。会穿衣服的女生很大程度上来自妈妈充满智慧的教育。只要妈妈有心，就一定能够培养女儿正确的审美观。

2. 举止优雅，言说了北大女生的内在涵养

举止优雅是北大女生的一种魅力。无论是在过去还是在现在，父母们都希望自己的女儿能够像北大女生那样举止优雅。优雅的举止是北大女生内涵的外在表现，它直接表现在她的举手投足之间。在生活中，父母把女儿培养得举止优雅，才可以称得上为大家闺秀。

女生要拥有一个好的形象，除了穿着得体的衣装，还离不开优雅的举止。举止优雅的女生，待人接物彬彬有礼、不卑不亢，行为得体；举止优雅的女生，不和长辈顶嘴，不打断别人说话；举止优雅的女生，不会欺负别人，体贴照顾他人，尊敬和关心他人；举止优雅的女生，把"请"和"谢谢"挂在嘴边。

不管时代如何变迁，女生要举止优雅这点要求始终没有变。尤其在今天的社会交往中，更加重视一个人的内在修养和外在气质的完美结合。女生优美的举止就好像漂亮的服装一样，能起到装点她的作用。举止优雅的女生能够给人留下一个良好的第一印象，甚至有可能在人群中形成一定感召力。

妈妈希望晓婕举止得体，有大家闺秀的风范，但事与愿违。

晓婕已经上初中了，可是还像小学时的假小子样。再加上电影《野蛮女友》的熏陶，还有对《武林外传》中郭芙蓉的无厘头的喜爱，让女儿的形象离妈妈的期望越来越遥远。

有一天，妈妈正在家中看电视。突然传来了一阵急促而重重的敲门声，铁门发出巨大的响声。妈妈被吓了一大跳，以为出了什么事情，急忙跑去开门，原来只是女儿没带钥匙。

妈妈有些生气地说："曾经告诉过你多少次了，女生就要有女生的样子。你看你，站没站相，坐没坐相。你就不能注意自己的行为举止，让自己变得斯文稳重一点吗？"

女儿嘴上是答应的很好，但事后并没有什么改变。

女儿年龄还小，她的很多行为都是按照自己最初的想法进行的。如果父母不加以引导，任由女儿自己发展，很难想象女儿会成为什么样的女生。女生优雅的举止不是天生就有的，而是要靠在日常生活中一点一滴地培养、积累起来的，只要有意识地锻炼和培养，任何一个人都是可以做到的。所以，想把女儿培养得举止优雅的父母就要对其进行适当的干预。

父母可以从女儿最基本的姿态入手，让女儿拥有优雅的坐姿、站姿、走姿。自然、得体、端庄，绝对不做作的姿态对女生很重要。要做一个优雅的女生，需要父母从小的培养，特别是习惯方面，因为习惯一旦养成要改是非常难的。所以从小时候起就要注意孩子的习惯，不要让他们养成陋习，要及时发现，及时改正。好的习惯养成了，自然会变得优雅。

坐姿：不论坐在什么地方，头要正，上身要微微地向前倾斜，双腿轻轻并拢。这种坐姿会给人一种沉稳、大方的感觉。杜绝坐姿中常常出现的一些不雅行为，比如抖腿，二郎腿，不停地摸头、抓耳、抠鼻子等。

站姿：两足分开大约20公分左右的宽度，或者把两个脚后跟靠在一起；双腿微曲；收腹，挺胸，两肩平行，双臂自然下垂，头正，眼睛平视，下巴微收。这种站姿给人一种稳定、精神的感觉。

走姿：抬头挺胸，腰背笔直，步伐稳健、有节奏，不大不小，不快不慢。这种走姿让人觉得体态轻盈、步伐自然，使人的外部形象能较好地表现出内在的涵养来。

除了上述基本的姿态，女儿在与人接触时的姿态也要注意。比如别人在讲话的时候，不插话，要望着对方的眼睛，点头微笑来显示友好等。

父母要注意观察女儿的举手投足有没有不雅观的，督促其改正不好的，鼓励其保持优秀的。父母的监督是对女儿行为的一种规范，是干预女儿不美观姿态的直接方法。另外，父母也一定注意女儿正处于长身体的阶段，不良的仪态举止会影响女儿的身体发育。比如：驼背。

让女儿姿态端庄，优雅得体，除了父母对女儿的规范，女儿也要自律。不优美的姿态会影响女生的美丽，而女生都是爱美的。父母可以用一些生活中的例子来激发女儿爱美的心态，调动她自我控制能力，自觉地改掉不美的姿态。

如果条件允许父母可以为女儿报一些艺术班。比如，音乐课、形体课程、舞蹈课程相关联的特点培养女生的优雅气质。这些艺术课程对女生是一种美育，对女生生活中的行为举止有着渗透作用，培养出一种艺术气质。父母还可以陪女儿去上一些礼仪课，这种方式有着较强的针对性和目的性。

妈妈不要忘记自己的模范作用。无数事实证明，妈妈的一言一行对女儿的影响是巨大的。她就想一面镜子照着女儿。比如，妈妈说话大嗓门，那女儿讲话也必然不会细声细语；妈妈行为粗俗，女儿自然也不会优雅。所以，要想培养出举止优雅的女生，妈妈必须先做优雅女人。

对于培养女儿举止的问题，要提醒各位父母：如果让女儿顺其自然的发展，那她势必会变得日益失去女生的风范，毫无优雅可言；但如果父母严加管束，又极有可能会扼杀她的天性。所以，父母在心态上不强制、不纵容、不心急，以引导为主。在女儿优雅举止的教育实践过程中，父母也要因时因地，灵活多变，不可拘泥于某一种形式，做到通权达变，效果才会最佳。

8. 博览群书，使北大女生拥有馨香之气

对于任何人而言，读书最大的好处在于：书籍让求知的人从中获知，让无知的人变得有知。而爱读书的北大女生不仅懂得很多知识，还会流露出一种书卷气。这是北大女生的气质，也是北大女生的修养。北大女生不是那种光靠外表引起人们的注意的女生。"腹有诗书气自华"，这句名言对北大女生是再合适不过了，要想自己的孩子成为北大女生就让她博览群书。

博览群书的女生，不管走到哪里都是一道风景。这样的女生可能貌不惊人，但从里到外都散发着一种气质。就像水仙花一样，幽雅的谈吐，超凡脱俗，清丽的仪态，无需修饰。

书是女生的朋友。书可以给他提供很多内在的享受。有的女生从书中获取了知识，增长了自己的才干，还有的女生，把读书作为了愉悦身心，陶冶情操的方法。书能够影响女生的心灵，女生的心灵和气质又是相通的。父母要想让女儿变得可爱、漂亮或者具有吸引力，那就让她博览群书吧！

（1）父母为女儿营造读书的氛围。很多时候，女儿的习惯是在小时候不知不觉中形成的，一旦形成很难纠正。所以父母对女儿习惯的养成起着非常重要的作用。而且阅读是人的一种基本能力，父母应该陪女儿一起读书，营造一个读书的氛围，逐渐把阅读培养成一种习惯。女儿有了阅读的

习惯，才会有动力去博览群书。

每天晚上，妈妈看书时，就顺便拿一本书递给女儿露露，她也煞有介事地看起来。这个习惯是从她四岁的时候开始的。一开始妈妈常带着喜悦的心情给幼小的露露讲书中的人、物、故事，把人生中美好或丑陋的事都尽情地展示在她面前，让她从小懂得从书中汲取营养。或许是妈妈的培养，或许是故事的魅力，终于诱发了露露读书的兴趣。从露露上幼儿园起，便开始读拼音图书，虽然读得很吃力，但非常投入。现在露露已经开始独立看书了。

有一天，露露在读《智慧的故事》时，突然问妈妈："妈妈，曹冲称象用的石头从哪里来？水边哪有那么多的大石头呀？"女儿的问题显得有些幼稚，但是妈妈心里却是喜滋滋的，因为女儿喜欢读书了，学会思考了。

父母在有空的时候，尽量带上女儿一起去书店买书，然后让她自己选择，买一些她喜欢的书。女儿选择的书多是卡通画册和童话，然后父母帮她把关，选择该买哪些，不该买哪些，由图画为主逐步向文字过渡。

（2）父母为女儿"念书"。如果是那些年龄较小的女生，阅读能力还不强，所以需要父母给她读。"读书"的重点在于让女儿"听"，所以请父母清楚地发出声音，通过听觉刺激来引导女儿阅读，并借此与女儿进行对话。为了增加对女儿的吸引力，父母可依据书本内容适度模仿一下，在语气、语调上做些变化，并根据女儿的反应随时调整，以女儿能接受的程度为限，语音和表情不很夸张。

（3）父母用赞美来鼓励女儿读书。在女儿开始读书以后，父母要适当地赞美女儿。比如，围绕读书的话题，多多交流。问问女儿最近看什么书了，哪本书最有意思？同时，父母还要做一个聆听者，倾听女儿的阅读感受，分享女儿的阅读乐趣。当女儿讲到自己想法的时候，虽然简单稚嫩，但只要有意义，父母仍要真诚地表达出自己的惊喜和赞美，给女儿鼓励和自信。最后，父母一定不要忘记对女儿说："如果你觉得这样的书对你有帮助，妈妈（爸爸）就给你买。"

（4）父母用疑问激发女儿读书的热情。生活中女儿常常会遇到一些问题。当她们向父母求助的时候，不要直接把答案告诉她，把疑问留给她，让她带着疑问到书中去寻找答案。女儿的疑问可以激起她看书的热情。而且，女儿通过读书来解决自己的疑问，会让她明白书的价值。

琪琪8岁生日时，爸爸送给她的礼物是一套带注音的《十万个为什么》。不过，收到礼物的女儿看上去并不是那么高兴，因为她的阅读习惯仍然停留在卡通或漫画上，对文字并不感兴趣。琪琪的态度，让爸爸犯了愁。用什么办法引导她呢？

有一天早上起床，琪琪兴奋地跑到爸爸身边说："下雪啦！外面下雪了！"爸爸笑了笑说："下雪了，琪琪可以堆雪人了。"琪琪忽然想到了什么，问："爸爸，雪是从哪里来？天上有很多雪花吗？为什么我以前没有看见呢？"爸爸很高兴，女儿终于开始提出问题了。爸爸没有直接告诉她，而是让她到《十万个为什么》中去查找，书中有她想要的答案。女儿见爸爸不肯说，只好跑去查书。最后她在书中找到了自己想要的答案。琪琪兴奋起来，重新跑到爸爸身边骄傲地说："我知道雪花是从哪里来的了，以后我也不用问您了。我多多的看书，想知道什么，可以到书里找。"爸爸高兴的抱了抱女儿。

（5）父母要尊重女儿的喜好。父母不要强迫女儿去读她不喜欢的书籍。每个女生的喜好都不同，父母应该在亲子共读的过程中注意观察，找出女儿对哪些书感兴趣，陪女儿读她所喜欢的书，这才能让女儿感受到阅读的乐趣。父母不要主观地判断哪些类型的书对女儿成长有益，而一味地强迫她去阅读。女儿对父母买的"好书"缺乏兴趣就不会高兴地读，伤害

女儿的阅读热情，让女儿对读书产生逆反心理。

喜欢读书的女生，学历可能不高，但一定有文化修养。有文化修养的女生大都知书达理，处事冷静，善解人意。书提高了她们的人生境界，使她们生活得很充实。这样的女生自己也像是一本耐人寻味的好书。

博览群书的女生谈吐高贵，更是一个女生最美的外衣。外表上的修饰谁都可以做到，但因博览群书所带来的内涵是一种独特的气质，是任何人不能轻易模仿的。与金玉其外，败絮其内的漂亮女生相比，博览群书的女生是懂得保持生命内在美丽的智者。

第九堂课

谦虚凸显北大女生的涵养

　　谦虚是一种美德，是进取和成功的必要前提。谦虚的女生从不自满，愿意接受别人善意的批评；谦虚的女生能够发现别人的长处，补自己的短处；谦虚的女生不好为人师，而是虚怀若谷。北大女生应当是谦虚的女生，成功的女生，她们有着健康的心态，她们不会因为某些成就而沾沾自喜，即使感到骄傲，也是心存感恩、健康的骄傲，与虚荣有本质的区别。这样的女生受到别人的尊重，有着大家闺秀的涵养。

1. 北大女生相信，身边的人都是她的老师

《论语·述而》中说：三人行，必有我师焉。择其善者而从之，其不善者而改之。意思是说和自己一起行走的多个人中，其中必有值得你学习的老师。北大女生都有一种虚心地向一切有长处的人学习的态度。父母要教育女儿有一种做学生的态度，多学习别人的优点，会让自己进步的更快。如此，更利于女孩进入北大，成为北大女生。

"三人行，必有我师"的意思是说：不管什么人，只要他有一技之长，就应该向其学习。也就是选择别人的优点加以学习；同时对于别人的缺点和错误也要引以为戒，参照自己的情况加以改正，不要重犯。这表达了一种极为谦虚的学习态度。

悦悦已经上小学四年级了，好胜心特别强，最不愿意听到别人超过了自己，否则就会生气，耍小脾气。

有一次，电视上介绍一个10岁的小女孩会跳很多种舞。妈妈不由得感叹："这个女孩真了不起，年龄虽然不大，但舞跳得真好啊！"一旁的悦悦说："我也会跳。"妈妈说："她从小就接受专业的舞蹈训练，可你从来都没有学过舞蹈。"悦悦终于生气了，开始在客厅里模仿起电视里小女孩的动作，还问妈妈："她跳得好，还是我跳得好。"悦悦一不小心，没站稳，摔倒在地，但嘴上还是不服输，说："跳舞有什么，我唱歌还得过奖呢！"

妈妈嘴上附和着女儿，但心里不免越来越担心。女儿悦悦在别人面前常常流露出过分自负，会惹得小朋友孤立她，会影响她的人际交往。

女儿有不服输的表现，有时候可能是一种积极地竞争精神，但也有时候是因为女儿太过骄傲，喜欢孤芳自赏。现在很多女生都是家中的独生子，家里的人都围着她转。在以自我为中心的生存环境中，她们不具有欣赏别人优点的美德。这些"骄傲的公主"自然有着她们值得骄傲的长处，而且其中也不乏非常优秀的女生。然而正是她们的"骄傲"，使得她们把自己独锁在"骄傲王国"，总是觉得别人的成绩和优点微不足道，而她们却没有意识到自己狭隘。

父母要引导女儿正确地认识自己。女儿产生骄傲往往源于自己的某方面特长和优势。父母应该客观地分析女儿骄傲的基础，然后要让女儿认识到，她身上的某种优势只不过限定在一个很小的范围内，放在一个较大的范围内有可能失去这种优势，所以优势只是相对而言。

不正确的比较往往容易滋长骄傲情绪。女儿习惯于以己之长比别人之短，当然会让自己占有优势，甚至是沾沾自喜。父母要教育女儿拥有积极进取的态度，而不是孤芳自赏或者蔑视别人的成绩。世界上没有完美的人，谁都会有一些优势，同时也会有一些不足。大家闺秀要懂得谦虚，人应该学会吸取别人身上的优势，来弥补自己的不足之处。同时，父母要教育女儿谦虚，她所取得的成绩包含了自己努力的结果，但是不要忘记她的成绩里也包含着父母的培养、老师的教诲和同学的帮助。

自以为什么地方都比别人强的女生，会看不起别人。女儿出现骄傲自大的坏心态往往是过高地估计了自己的能力，认为自己是最优秀的女生。女儿不能欣赏别人身上的优点，会阻碍她的提高。遇到这种女儿，父母要改变一下教育观点，检讨一下自己是不是对女儿的夸奖太不客观与频繁

了。所以，面对骄傲自大的女儿，父母切不可再事事"夸奖"。在表扬女儿时，既要重视赞美对女儿的鼓励作用，又要把握一个适度原则。

在女儿取得一定成绩的时候，父母一边夸奖，一边分析她的优缺点。父母要让女儿学会正确地评价自己，既认识到自己的优点，又看到自己的缺点。父母可以对女儿抱以亲切的微笑，加以适当的鼓励。父母要让女儿明白，她是有缺点的，改正缺点就可以做得更好。父母应该开阔女儿的胸怀，引导她走出自我的狭小圈子，带她到更广阔的地方走走，陶冶她的情操；让她了解更多的杰出人物的成就和才能，增长她的见识，以丰富的知识充实她的头脑，使之认识到"人外有人，天外有天"的道理，不要为自己取得的小成就而骄傲。

父母告诉女儿谦虚的重要性——谦虚是人的一个重要的特质。人们要想持续地发展，就必须有谦虚的品德。谦虚让人变得虚怀若谷，聆听别人的心声，寻求来自外部的有益建议。面对纷繁复杂的社会状况，女生必须谦虚谨慎。她需要采纳他人的有益意见，拓宽自己的视角。

三人行，必有我师。这句话表现出了孔子自我的修养，虚心好学的精神。像孔子这样的人，能够把自己的整个人生当成是一个学习的过程，从别人的身上汲取养分，帮助自己成长。父母告诉女儿可以做她老师的人有三种情况。

第一，向有专业学问的人请教。人无完人，金无足赤。谁也不可能了解所有领域，所以遇到不明白的事情，就要虚心向那些行家请教。他们会给你专业的意见。

第二，向所有的人请教。这是一种不耻下问的好学态度和具体做法。通常人们会习惯于站在自己的角度思考问题，陷入自己固有的思维定式中，而虚心听取别人的意见，能够开拓自己的眼界，有助于对问题的全面认识。

第三，书籍是人们最好的老师。一本好书，就是一位智者，他可以给你想要的知识。有一句话是"书读三遍，其功自成"，父母要教育女儿珍惜这位老师，在读书的时候不要浮躁。不要认为自己看过一遍的书，就没有必要再去看了，往往精读一本书比读三本书更重要，每一次阅读都会有所收获的。

学无止境，谦虚很重要，永远做学生。父母要教育女儿保持一个谦虚的心态，欣赏别人的优点和优势，向别人学习自己不具备的，用来改正自己不足之处。只有这样她才能够进步得更快。

2. 北大女孩能够谦虚谨慎，知道戒骄戒躁

戒骄戒躁，永远保持谦虚进取的精神。父母要告诉女儿谦虚使人进步，骄傲使人落后。她只有保持一种谦虚的学习态度，才能够不断地进步。否则，过分地骄傲就会成为她的敌人，阻碍自己成为北大女生。

父母要帮着女儿找出骄傲的原因。在现实生活中，女儿平时学习成绩较好，经常受到父母和老师表扬。如果女儿的心态没有调整好，就容易滋长骄傲情绪，甚至会随意嘲笑别人身上的毛病，过高地肯定自己的能力。

骄傲是女儿获得成功的绊脚石。科学家巴夫曾经这样说过："切勿让骄傲支配了你们。由于骄傲，你们会在应该统一的场合固执起来。由于骄傲，你们会拒绝有益的劝告和友好的帮助。而且由于骄傲，你们会失掉客观的标准。"父母要告诫女儿的是：她现在取得的成绩只是代表了一个阶段的、局部的水平，并不意味着已经获得成功。尤其是在学习上，知识是无边的海洋。如果女儿被暂时的成绩冲昏了头脑，不知所以然，恰恰是反映出她没有广博的见识。

著名学者笛卡尔说过："愈学习，愈发现自己的不足。"父母要告诉女儿：只有通过学习，不断扩大知识面，储蓄更多的信息，才能真正领悟到"学无止境"的深刻含义。女儿取得一点成绩没有理由过分骄傲，而是应该以眼前的成绩作为一个新起点。

骄傲会让人变得浮躁，女儿一旦骄傲自满，就会听不进别人善意的批评，总处于盲目的优越感之中。女儿盲目地骄傲就是夜郎自大、井底之蛙，目中无人，自以为是。这样，女儿怎么能够进步呢！对女生骄傲自满的心态，父母切不可放任自流，必须及时加以矫正。

过分骄傲的一个表现就是不能够接受别人的正确批评，父母和女儿都不可以逃避的问题，能否接受批评意见，是女儿进步的关键。如果女儿能够接受别人的正确批评，就可以清楚地认识自己的缺点，保持一种谦虚的学习态度，不断地充实和完善自己。

萌萌已经小学六年级了，是个爱学习的女生。由于学习成绩优异，渐渐地变得自负。在学校里，萌萌表现得非常清高，从来不主动与学习成绩差的同学说话，只和班里几个成绩好的同学一起玩，因为她觉得自己高人一等。甚至对于任课老师，萌萌也不太尊敬。她认为老师的水平不过如此，通过自学也能够学到很多知识。

有一次，因为数学老师批评她做作业不认真，就与数学老师争执起来，言行举止流露出对老师的轻视。萌萌的父母知道这件事后，决定好好和女儿谈一谈。

爸爸是萌萌最敬重的人之一。一天晚饭后，爸爸对萌萌说："老师批评你，并不是他看不起你，而是对你严格要求，希望你获得更大的进步。爸爸不是给你讲过'良药苦口利于病，忠言逆耳利于行'吗！如果老师不批评你，你也不会怨恨他，你也不能够发现自己的缺点，也就不能够进步。关心、爱护你的人才会批评你。他批评你，可是你却因此怨恨他。萌萌，你是那么聪明懂事的孩子，怎么会怨恨关心你的人呢？"

萌萌听了深受触动。后来，她渐渐改正了自负的毛病。

父母要让女儿认识到：自己年龄还小，还有很多知识要学，现在自己所掌握的知识，只能算是宇宙中的小小的陨石。骄傲的心态会让自己变成一个吹涨了气的气球，随时都有撑破的可能。所以，她要认真地学习，听取老师和父母的教诲，以及同学的帮助。

中国有句古话："谦受益，满招损"。父母应该有意识地给女儿介绍一些名人故事，告诉她"谦虚使人进步，骄傲使人落后"的道理。回顾历史凡是有所作为的人都是在取得成绩后仍然能够保持谦虚奋进的人，都能保持着谦虚好学的作风。如果女儿对这些历史人物不感兴趣，父母可以给她讲些寓言。比如：龟兔赛跑、骄傲的公鸡等。

父母培养女儿有一个正确的心态，遇到不懂的事情就去请教，不要不好意思，不要死要面子。父母要让女儿知道，正确的态度应当是"知之为知之，不知为不知"。不知道的事就鼓励她老老实实地说自己不知道，抱着一种谦虚的态度，向别人学习、请教。其实，不懂装懂才是最没有面子的人，而能够谦虚地向人请教的人才是值得尊敬和有面子的人。

此外，在家庭教育中，父母不要包办女儿该做的事，以免女儿以为世界上的一切事情都很容易。父母有意识地让女儿去独立面对一些事情，让她意识到自己的能力是有限的，人生的道路并不那么平坦，从而促使女儿虚心学习，取人之长，补己之短，不断进步。

骄傲自满是女儿的一座可怕的陷阱，而且这个陷阱是她亲手挖掘的，根本意识不到它的存在。父母要提醒女儿不要陶醉于已有的胜利或成就之中，而要永远面向未来，也就是对既有的胜利和成就抱着谦虚的态度。也许有人会认为谦虚等于不自信，是妄自菲薄的表现，这是不正确的观点。一个真正懂得谦虚的人，必然是看重未来的人，满怀雄心壮志的人，希望自己能够有所作为。所以，父母要教育女儿不要妄自菲薄，也不要妄自尊大，做到谦逊好学，不断进取，成功自然水到渠成。

8. 北大女生善于虚心向他人取经

　　谦虚是品德教育的根本。它是北大女生一种美德，也是北大女生的一种修养。能否做到谦虚也是衡量一个人是否成为北大女生的重要品质。北大女生，虚怀若谷，永不自满；谦虚的女生能够发现别人的优势，赞赏别人的优点，并且愿意向别人学习。同时这样的女生会得到别人的尊敬。

　　谦虚使人进步，骄傲使人落后。这不仅是指在学习上，还可以影响到人际关系上。因为骄傲自满不但是影响女生成长进步的障碍，还会造成伙伴关系的紧张。而谦虚是对别人存在价值的尊重。只有你尊重别人的价值，别人才会帮助你成长，才会同样尊重你。

　　元元今年已经上五年级了，妈妈对元元的表现非常的满意。有一次，妈妈在街上碰见了元元的班主任。班主任高兴地向元元的妈妈说："元元在学校很乖。同学们也很支持她，还选她为本年度的优秀班干部呢！"

　　妈妈心里乐开了花，说："是吗？那要感谢您对元元的关心和帮助了！"妈妈真心地对老师表示感谢。

　　老师继续说："元元能够被评为优秀班干部都是她自己努力的结果。元元和其他的小干部不一样。别的班干部总觉得当班干部很过瘾，给同学扣分是毫不留情，而且还有官架子。可元元就不这样。有一次，她看见一位同学语文考得不好，就跑过去对他说：'你要加油了哟，只要你努力，下次就一定能考好！你看你的数学成绩就很高啊！你看我的数学就不是很

好，我还有几道题想让你教教我呢！'"妈妈听了老师的话，心里感到更加欣慰了。为自己有一个谦虚好学，尊重他人的女儿而高兴。

晚上，妈妈把这件事告诉了元元，并且说了自己的看法："元元，妈妈也觉得你能够学习别人的优点是对的！而且，真正的优秀班干部应该是一个谦虚学习，懂得欣赏别人价值的人。只有这样，你的同学们才会真正地尊敬你，支持你！"

元元一时有点不好意思，脸变得通红，过了一会她说："妈妈，我觉得我也还有不足的地方。"

妈妈说："哦！"

元元接着说："我的数学确实不是很好，而且我早上到校的时间还比较晚，没能更好地指导大家进行朝读。我想，以后，我一定要早点到校。"

妈妈高兴地抱了抱元元说："恩，好样的！"

谦虚不仅可以让女儿在学业上赢得进步，还可以赢得一份尊重。这是学习与人格的双重进步。谦虚从字面上了解释为虚心不自满，不唯我独尊的意思。骄傲自满的女生，会以自我为中心，总觉得他人必须符合自己的要求，不会尊重和欣赏他人的优点，更别说虚心向他人请教了。而谦虚的女生不仅认识自己优点与缺点，还会尊重他人优点。而且谦虚的女生明明知道自己有不足之处，但开阔的心胸让她坦然地接受，向他人努力学习改之。

在家庭教育中，父母在进行赞美教育的同时，也要意识到能够虚心向他人取经的女生更值得尊重。女生所具备的很多品德都是由谦虚而延伸的，没有谦虚的品德，女生就会失去宽容、诚实、善良等。所以，父母要从小教育女儿学会谦虚，发现、尊重和学习他人的优点。

骄傲自满的父母会影响女儿的品德，谦虚父母的女儿会懂得向他人学习的重要。父母不要忽视对女儿的教育，虽然年龄不大，不能够分辨是非，但是模仿能力和记忆能力已经具备，都可以促成女儿的行为像父母。如果平日里父母骄傲自大，目中无人，女儿也会跟着有样学样。父母不想让女儿养成骄傲的心态，必须从自己做起。

作为20世纪世界上最伟大的科学家之一的爱因斯坦，在他的科学领域内取得了卓越的研究成果，留给人类的是一笔取之不尽、用之不竭的智慧财富。然而，就是他这样一个人，还是在有生之年中一直保持着一种谦虚的心态，不断地学习、研究，真可谓是活到老，学到老。

当有人去问爱因斯坦："您老在物理学界可谓是空前绝后的了，何必还要孜孜不倦地学习呢？何不舒舒服服地休息呢？"爱因斯坦并没有直接回答他这个问题，而是找来一支笔、一张纸，在纸上画上一个大圆和一个小圆，对那个人说："在目前情况下，在物理学这个领域里可能是我比你懂得略多一些。正如，你所知的是这个小圆，我所知的是这个大圆，然而整个物理学知识是无边无际的。对于小圆，它的周长小，即与未知领域的接触面小，他感受到自己未知的少；而大圆与外界接触的这一周长，所以更感到自己未知的东西多，会更加努力地去探索。"爱因斯坦除了科学上的成就，谦虚的态度也为他赢得了人们的尊重。

爱因斯坦就是这样一个谦虚的人。他的名声与谦虚成正比，而且他在用一言一行告诉自己的孩子，做人要做一个什么样的人。在中国谦虚的人也不胜枚举，相传著名诗人白居易在每做好一首诗后，总是先念给牧童或老妇人听，然后再反复修改，直到他们听了拍手称好，才算定稿。白居易虚心请教于牧童和村妇的行为，被后人称颂。

人的生命是有限的，但知识是无穷的。谁也不能够认为自己已经达到了最高境界而停步不前、趾高气扬，如果那样的话原来落在后面的对手就会追上自己。所以谦虚不仅是良好的学习态度，更是为人处世的必要准则。女儿具有谦虚的品德，对其各方面的能力都有所发展，不断地用知识来丰富自己，而且使其具有包容万物的美德，在人际交往中得到别人的尊

敬和赞扬；而骄傲自满、目空一切的人，必然无人欣赏，甚至遭人厌恶。作为父母，让孩子养成谦虚的好品质，无论是学习还是生活，都会使孩子受益匪浅。

父母不要忽视对女儿的教育，虽然年龄不大，不能够分辨是非，但是模仿能力和记忆能力已经具备，都可以促使女儿的行为像父母。如果平日里父母骄傲自大，目中无人，女儿也会跟着有样学样。父母不想让女儿养成骄傲的心态，可以从自我做起。

第十堂课

性格决定女儿的命运

人的性格是复杂的，对人的一生可以起到积极的作用，也可以起到消极的作用。性格作为一把"双刃剑"具有决定人的一生的力量。北大女生是坚强的、勇敢的、独立的、乐观的，她们以积极的心态走在人生的道路上，这是她们美丽永驻的资本。父母只有培养女儿好的性格，才能使她树立正确积极的人生态度，才能使她获得一个辉煌的人生。

1. 北大女生都是坚强、勇敢地面对生活

英国著名文豪狄更斯曾经说过："一种健全的性格，比一百种智慧都更有力量。"这是每个北大女生都知道的一个真理：有什么样性格，就会有什么样的人生。人生不可能是一路平坦，北大女生拥有坚强、勇敢的性格，才能够战胜一切挫折，让北大女生立于不败之地。

任何人在人生的道路上都会或多或少地遭遇到各种失败和不幸。为了女儿的健康成长，父母要教育女儿变得勇敢、坚强。勇敢坚强是指人不怕危险和困难，有胆量、有毅力进行抗争的一种心理品质。勇敢坚强的女生有着一个百折不挠的心，这也是决定她人生的关键。

女生勇敢坚强的性格离不开自信心和心理承受能力，父母必须从小开始培养她。如果女儿害怕困难，往往是因为对自己的能力缺乏信心所致。如果女儿确实能力较弱，天赋较差，父母对她的要求不但要尽可能符合其实际水平，还应给她以具体的指导与帮助。比如相应的知识和技能。当她完成了力所能及的事后，父母要立即给予她肯定，不管这事多么小，多么微不足道。

玲玲上小学一年级，在第一次考试中考了倒数几名。回到家后，玲玲看见爸爸妈妈后伤心地哭了，说："我考试考得不好，同学们笑话我了。"玲玲因为考试的失败，同学的嘲笑而感到沮丧、伤心，父母看在眼里，感到了玲玲的软弱。

妈妈赶快安慰玲玲："没关系，只要你努力，下次考试你就可以有所提高。不过你现在应该先弄清楚这次考试为什么没考好，跟爸爸妈妈说说，咱们一起找找原因。"

听了妈妈的话，玲玲擦了擦眼泪，把考试卷拿了出来，和父母一起分析起来。等到玲玲心情平复了，爸爸对她说："玲玲，一次考试不意味着失败。那些嘲笑你的同学是不对的，你要相信自己不比别人差。你要勇敢、坚强，好好学习，用分数来证明自己。不要一遇到挫折就哭鼻子，这样对你一点帮助也没有啊！"玲玲认真地点了点头。

如果女儿性格软弱是因为对自己的消极认识，自信心不足，而非能力不够，父母可以在生活中，经常鼓励、支持女儿参加各种有益的活动，不要随便指责、嘲笑、挖苦和恐吓她，鼓励她战胜胆小的性格。比如：家里来客人了，鼓励女儿在陌生人面前表演小节目；鼓励女儿参加学校的比赛。

父母要调整自己的教育观点，不要把自己的女儿当成弱者。很多父母认为女生很娇气，其实什么样的教育方式就培养出什么样的女生。如果父母总是担心女儿受到伤害，而把所有危险与女儿隔离开，女儿也就失去了锻炼自己勇敢、坚强的机会了。

璐璐虽然长得瘦瘦小小，但妈妈从来都不娇惯她。

一次，璐璐在外面玩时不小心摔倒了，腿上擦破了一点儿皮，璐璐哭喊着找妈妈："妈妈，妈妈，我的腿破了，流血啦！"妈妈看了一下，虽然也很心疼，但还是硬下心肠，装作无所谓的样子，对璐璐说："一点小伤，很快就好。璐璐是个勇敢坚强的女生，不要哭啦！"然后给璐璐的皮肤进行了简单的消毒处理，让她接着玩去了。

回到家后爸爸看到了璐璐腿上的伤，马上将璐璐拉到跟前，一边紧张地拉着璐璐的手，一边问璐璐疼不疼。看到爸爸紧张的样子，璐璐顿时觉得腿上很疼，眼泪马上就要掉下来了。一旁的妈妈赶快拽了一下爸爸的衣

角，爸爸会意地说："来，让我看看璐璐的腿好了没有？"璐璐伸出了自己的腿给爸爸看，爸爸故意惊讶地说："噢，这么小的伤啊！璐璐很快就会好的。我们璐璐可是最勇敢的女生！对不对呀？"璐璐听了点点头，又若无其事地玩儿去了。

女儿在家中会受到父母的多重保护，造成性格中不够勇敢坚强的一面。父母担心一些东西伤害到女儿的态度，直接影响了女儿对该事物的看法，产生恐惧心理。因此，女儿的心理承受能力较弱，喜欢依赖父母，加之父母对她的过分保护，这些都会造成女儿胆小、脆弱，不敢应对挑战的性格特征。所以，父母不要把女儿当成弱者，让她独立去经历一些挫折。

勇敢和坚强不是天生就有的，这离不开父母的培养。美国儿童专家提出：有条件的父母应该为女儿有意识地制造一些困难，也就是常给女儿制造一些经过努力可以克服的困难。在这个过程中，父母需要教给女儿克服困难的勇气，也要教给孩子克服困难的办法。父母应该让女儿吃点苦头，从小没有吃过苦的女儿遇到困难，往往很容易被暂时的困难打倒，这时她会自怨自艾，认为自己是世界上最倒霉的人。而吃过苦的女儿则不同，在困难面前，往往表现得坚强，并有勇气战胜这些困难。因此，妈妈要有让女儿吃苦的意识，只有能吃苦的女儿，才能拥有勇敢、坚强的性格，才能经得起更大的风浪。简单地说，这是一种挫折教育。女儿经历过挫折，得到了锻炼，获得了勇气与坚强。而且挫折教育使女儿享受到成功的喜悦，也能够使女儿更好地适应竞争激烈的社会。

女儿在成长的道路上会遇到许多挫折，在面对挫折的时候，胆小软弱的女儿往往没有坚强的意志去克服这些挫折。而坚强勇敢的女生为了达到自己目标，能够做到持之以恒，凭借自己坚强的意志，战胜所有的挫折，越过成功的绊脚石，从而取得最终的成功。女儿的性格中有了勇气和坚强，在面对困难的时候，就会产生自觉克服恐惧心理的能力，把命运紧紧掌握在自己的手中。

2. 告诉女儿：北大女生都是自己动手，丰衣足食

北大很多女生都是独生子，是家中至高无上的"小公主"。但是她们并不是过着衣来伸手，饭来张口的日子。她们一天天长大，却并不是变成了一个被父母宠坏了的娇小姐，不会照顾自己，没有动手能力，更没有独立的性格。而是，什么事情都不让父母为自己承担。父母只是教育她们"自己动手，丰衣足食"的道理，培养她们独立生活的能力，让女儿才能活得更精彩。

独立的性格是在没有被压迫的情况下自觉自愿地行为倾向。有独立性格的人不仅善于行动，而且勤于思考，能够根据事情合理性安排自己的行动步骤，不把希望寄托在他人身上。反之，不能独立的人只能沦为附庸。

在今天的很多家庭中，往往家里几个人围着一个女儿，女儿衣来伸手、饭来张口。父母忽视了女儿独立性的培养，一味的包办代替，剥夺了女儿单独行动的权力，造成了女儿的性格中缺少了独立的一面。

由于工作原因，姗姗生下来不久，被父母送到了乡下的爷爷家。到了姗姗要上幼儿园的时候，姗姗的父母决定接她回城里来住。

回到父母身边生活的姗姗有着很多坏习惯，行为举止也很随意。比如爸爸妈妈一让她洗澡，她就推三阻四，更别提饭前洗手、刷牙漱口这些重复次数较多的习惯了。姗姗年龄不大，但已经有了好几颗蛀牙了，还经常坏肚子。

在幼儿园里，姗姗也是一个小脏孩儿，干净整洁的校服没穿几天就变得很脏。任凭爸爸妈妈不断地提醒、警告、责备，也都没有效果，姗姗仍然把自己弄得一塌糊涂。妈妈看到自己的女儿像是一只又脏又臭的小猪，非常苦恼。除了不讲卫生，姗姗的其他表现也不尽如人意。有一次，她上课迟到了，发现自己的位置上没有椅子。于是，她就站在那里等着，指导老师发现她一直站着，主动询问怎么回事，她才有了自己的椅子坐下。

姗姗的父母搞不明白，女儿为何会如此？后来才知道姗姗不在父母身边的那段日子，爷爷奶奶对于她过于娇惯了，任何事情都等着别人替自己完成，最终让姗姗完全不懂得独立。

父母的包办与代替是女儿形成依赖心理、性格软弱的重要原因之一。一些父母对女儿百依百顺，不让女儿做任何事情，舒适、平静、安稳的生活，剥夺了女儿自我表现能力的机会；衣来伸手、饭来张口的生活方式，导致了她独立生活能力的萎缩。

毛主席说过：自己动手，丰衣足食。这句话也可以用来教育女儿。父母让女儿学会生活，懂得自己照顾自己，树立依靠自己的力量生存。独立的能力是人生存的基本能力。在今天的社会，要求每一个人都必须具有很强的独立性格，才能够在这个时代求生存图发展。因此，父母从小培养女儿的独立能力，对其日后的成长具有十分重要的意义。

因此，父母要培养女儿成为生活的强者，首先要鼓励女儿做力所能及的事情。父母不要低估了女儿的能力，在父母平时做事的时候，女儿有可能悄悄地模仿和学会了很多行为，这是连她自己都没有意识自己的潜力。那么，父母为什么不给女儿一个动手的机会？让她体会到靠自己力量有所收获的喜悦。

在平时生活方面5岁的小菲得到了父母细心的照顾，只要有父母在，小菲仿佛多了两双手，什么事情都不用管。

有一天，爸爸抱回来一大箱子的橘子。那个星期，爸爸一有时间就把橘子剥好，和家人一起分享"橘来张口"的优待。小菲也很喜欢吃橘子。

这天爸爸不在家，小菲又想吃橘子了，她就去找妈妈，说："妈妈，我想吃橘子。"妈妈正忙着做晚饭，没有时间管她，就顺口说："妈妈现在有事，现在不能剥给你吃。如果你真想吃，那就自己动手剥吧！"

妈妈没想女儿嘴馋，当真自己拿起橘子剥了起来。妈妈也没理，过了一会儿，惊喜地发现小菲正坐在沙发上吃上橘子了，还冲着妈妈嘻嘻地笑了笑。

妈妈也很高心地对小菲说："真了不起，小菲都已经学会剥橘子了。你的这种行为就叫做'自己动手，丰衣足食'。"

小菲没有明白妈妈的意思。

妈妈解释说："小菲没有依靠别人，而是自己给自己剥橘子吃，很了不起啊！你想想如果你等着妈妈剥给你吃，你现在可能还没吃上橘子呢！"

小菲向妈妈点点头。

妈妈继续说："如果是自己能做的到事情，你就自己去做吧！要尽量依靠自己，那样小菲会收获更多。"

很多父母习惯于照顾自己女儿，没有意识到有些事情是女儿能做的。所以，在家庭教育中，父母应该适当地放手，让她自己做些事情。慢慢的，女儿有了独立的性格，享受着"自己动手，丰衣足食"的成就感。

其实，父母培养女儿的独立性格很简单。生活中很多看起来微不足道的小事，对培养女儿的动手能力，独立的性格很有益处。比如：夜间让女儿独立上厕所；收拾自己的小房间；自己穿衣服、洗漱、吃饭等。所以，父母要细心观察、寻找，不放过任何一个让女儿独立的教育机会。

最后，父母培养女儿的独立性格，切不可心急暴躁。任何人都会犯错

或者失败，何况是出于成长的女儿。父母要允许女儿犯错、失败，而且这也是一种学习的机会，可以让女儿在错误和失败中寻找原因，以便调整其行为。面对失败，父母要鼓励女儿多坚持一下，多次动手锻炼，可以换来熟练。比如，父母让女儿自己吃饭，刚开始的时候总是会撒些饭粒，弄一身污渍，但这是女儿必须经历的一个阶段。父母不要喂她，也不要责备她。

父母不可能成为女儿一生的"承包者"，真正爱女儿就培养她的独立性格，告诉她自己动手，丰衣足食的道理。父母要相信自己的女儿，放手让她去做，摆脱对父母依赖心理。这样女儿在长大成人后才能把握住自己的命运。

3. 北大女生都会乐观开朗地生活

生活就是一面镜子，你对它哭它亦对你哭，你对它笑它亦对你笑。生活中的北大女生。深刻地明白心理学家马丁·塞利格曼所说的话：乐观不仅是比较迷人的性格特征，它也能使人对生活中的许多困难产生心理免疫力。父母应该让女儿拥有乐观的性格，快快乐乐地成为北大女生。

乐观开朗是指面临困难精神愉快、充满信心的状态。乐观开朗的性格，给人一种积极向上的人生境界。女儿拥有了这种心境，犹如有了源头活水，时时滋润着她的心灵，发现生活中美好的事物。乐观开朗的性格是人生幸福的支柱。父母如果希望女儿能够拥有幸福，首先就要让她具备乐观开朗的性格。

心理学家指出：4岁的孩子已经具备所有与乐观开朗相关的心理素质，所以4岁是培养孩子乐观品质的最佳时期。心理实验也证明这一点。实验室这样进行的：

实验者告诉孩子们桌上有各种点心和玩具，想要得到喜欢的东西必须等实验者回来，如果不能等待可以呼叫实验者，但他只能得到他不大喜欢的东西。结果，平均年龄为4岁半以上的孩子，大多能等待很长时间，而4岁以下的孩子很少有坚持到底的成功者。

实验说明了4岁以上的孩子能够理解实验者所做的承诺，其次这些

孩子可以完全地想象出实验者归来对自己的意义，所以他们不会被眼前的困难屈服。其他同类的实验都证明，正常情况下，健康成长的4岁幼儿具备了面临困难培养乐观开朗个性的条件。但是，请各位父母注意，您的女儿已经具备了培养乐观开朗个性的条件，但不意味着女儿的乐观是随着年龄而具备的。大部分女生都需要后天的培养，才能乐观开朗地生活。

那么，父母应该如何培养女儿乐观开朗的性格呢？

（1）不要对女儿控制过严。

大多数家庭都是独生子女，再加上现代社会的高楼林立，让人与人之间的关系变得疏远了许多。父母没有时间陪女儿出去玩，又不放心让她独自到外面玩，致使女儿与外界接触的时间和空间越来越少，性格变得孤独、胆怯、悲观等。

父母不要对女儿施加压力。比如父母对女儿的学习成绩要求过高，从而压缩女儿玩耍的时间。当女儿想看动画片的时候，父母会说："不行，看书去。"女儿嘴上不会反抗，但心里会有不满情绪，而这种情况始终无法改变后，会产生严重消极影响。

有的父母为了管教好女儿，常会有责骂的行为。著名教育学家塞利格曼指出：父母批评孩子的方式正确与否，显著地影响着孩子日后性格是乐观还是悲观。所以，父母对女儿的批评应该恰如其分，过分的责骂就等于在说女儿有缺点。父母应该具体指出女儿的错误及错误的原因，使她明白自己所犯错误是可以改变的，并知道从何处着手改变。

当然，作为父母不能对女儿听之任之，但是控制过严就会压制她的天性，对她的心理健康产生消极作用。女儿在不同的年龄阶段拥有不同阶段的快乐。只有从小能享受这份快乐的女儿才会有一个幸福的童年，才能感受到真正的幸福人生。

（2）让女儿学会乐观的思维方式。

父母在处理生活中遇到的问题时所表现出来的乐观的思维方式，对女儿具有积极的示范作用，女儿通过观察和模仿逐渐养成乐观开朗的性格。法国作家阿兰曾经把快乐的智慧用于和烦恼做各种各样斗争。他说："烦恼是我们患的一种精神上的近视症，应该向远处看并保持积极乐观的心态，这样我们的脚步就会更加坚定，内心也就更加泰然。"所以，当父母送女儿上学路上，遇到红灯时，可以对女儿："我们又遇到红灯，这样我可以和你多相处一会儿了。"如果遇到下雨了，父母就要引导女儿说"下雨了。"而不要抱怨天气糟糕，因为抱怨并不能改变下雨的事实。父母的乐观性格，会传递给女儿，让她也变得高兴起来。也许，女儿会对你说："妈妈，下雨了，我闻到了清新的空气了。"女儿有了这种乐观思维，无论以后遇到何种环境，都保持一种乐观开朗的心情。

（3）鼓励女儿多交朋友，尤其是能让她快乐的朋友。

不善交际的女生大多性格抑郁，表现不合群，有孤单的心理感受，享受不到友情的温暖。父母要鼓励女儿多交朋友，特别是性格乐观的朋友。因为，本身性格内向、抑郁的女生需要这样的朋友帮助自己走出抑郁，同时这样的朋友也是女儿学习的榜样。女儿与朋友的融洽相处会使她内心世界渐渐变得光明美好。

（4）让女儿有自己的兴趣。

广泛的兴趣是女儿快乐成长的源泉。父母要细心观察自己女儿有什么样的兴趣，不要强迫她去学一些不喜欢的东西，尊重她自己的选择。女儿对什么感兴趣，父母就给她一个机会。兴趣会成为女儿学习的动力，她会全身心地融入到自己喜欢的事情中，并且乐此不疲。父母让女儿快乐，就要从培养她的兴趣开始。

乐观开朗既是一种心理状态，也是一种性格品质。乐观开朗的人有独

特的人格魅力，使人能看到事情比较有利的一面，并期待更有利的结果。乐观自信是魅力女生必备的生活态度和性格品质，越是杰出的女性可能遇到的困难就越大，挫折就越多。如果没有一种积极乐观向上的态度去面对生活中的困难，那么最终将被困难打败而不是战胜它。

其实，生活中存在着很多美好，关键是父母要让女儿学会用乐观的心情来看待它。女儿有了乐观开朗的性格，就会拥有一个正确的视角。从此，她就会发现生活原来如此美好，生活原来如此的幸福！

第十一堂课

生活情调，展现女生的优雅

　　北大女生是懂得生活情调的女生，她们把自己对生活和生命的感悟与理解渗透到日常生活的每一个细节中。她们都蕴含着一种浪漫的情怀，有着从容不迫的生活态度，会为自己营造一个舒适、惬意、温馨的生活。父母要把女儿培养成他们心目中的"北大女生"，就让女儿学一些技能吧！让她学会为自己的生活添加情调，展现女生的优雅。

1. 学做针线活，凸显北大女生的心灵手巧

女儿可以去学习一些针线活，虽然不像过去那样缝缝补补，但可以把做针线活当做生活中的一种乐趣。衣服上的扣子掉了，妈妈让她自己缝上；朋友过生日，可以绣一个十字绣送给他……如果女儿有一双心灵手巧的手，父母就让她学点针线活吧！这也不影响孩子成为北大女生，相反还能使女孩有一种生活乐趣。

在我国传统文化里，非常重视对女子"德、言、容、工"四德的培养，其中的"工"即为女红针线活。然而，随着社会的进步，机械替代了手工，人们的物质生活也越来越富足。过去那种缝缝补补又三年的日子已经不在了，女红受到很大冲击。

社会在不断地发展，曾经与人们日常生活密不可分的女红用具被现代化的工具所替代，渐渐淡出人们的视线。原本每家每户都有的女红用具，如顶针、绕线板，针拔、绣花棚架、针线篓之类，现在却很难在很多人家里找到。很多女生碰到扣子掉了都是妈妈给缝，有的甚至连顶针都不知道是什么。

妈妈应该督促女儿学点针线活。虽然今天的社会对女生的手工要求也已不复存在，但是作为女生还是应该学习一些简单的针线活。让女儿学习针线活不仅可以让女儿变得心灵手巧，而且还可以让她为自己和家人服务。

让女儿学好针线活，妈妈起着至关重要的作用。妈妈自己要喜欢做针线活，才能影响女儿学习针线活。另外，要想让女儿学好针线活，妈妈一定要督促。父母不要认为现在家中富裕，学针线活没有用。让女儿学会针线活，是一件锦上添花的事。

20世纪宋氏三姐妹对中国历史发展有直接影响。提到宋家三姐妹，就应该了解一下她们的母亲倪桂珍的其人其事，对教育子女也许有借鉴之处。倪桂珍教育子女，和她的丈夫迥然不同。外国人评议她是斯巴达克式的教育风格，斯巴达克人以勤劳、刻苦著称。比如：倪桂珍非常重视子女的动手能力。宋家优裕的家庭环境，姐妹独特的风采才华，足可过着衣来伸手饭来张口的日子。但倪桂珍则不然，她要求女儿们能做饭、煮菜，会针线活。虽然大部分时间让她们读书，可她要求女儿学手艺则毫不放松。为了让女儿能够学好针线活，倪桂珍还请了一位守寨的妇女来教女儿们学针线活，三个女儿为此都下工夫学习。

今天的女生已经不再是只负责家务劳动的人，她们有着自己的事业，涉足了很多的领域。社会的变化，让她们觉得学习针线活是浪费时间，是一件枯燥乏味的事情，但是父母不要这么想。妈妈让女儿学习针线活，也要注意培养她的兴趣。妈妈可以给女儿讲讲一些关于中国的女红传统。比如，中国古代妇女们每逢七夕就会进行各种"乞巧"活动，很多女孩子会用绸、缎、纱等面料，制作香包，在上面绣上蝴蝶、鸳鸯、喜鹊等各种图案和文字，并赋予温馨浪漫的名称。她们还会把这些东西送给喜欢的人，表达自己的情感。父母还可以带女儿去看看中国文化中的刺绣，让她去了解中国女性可以用针线来作画。

妈妈培养女儿针线活，不要急于求成。先送给她一套针线活的工具，教她认识针垫、卷尺、各种各样的线、缝纫用画粉、顶针等。如果女儿对针线活排斥，可以告诉她："咱们一起给洋娃娃做一件衣服好不好。"妈妈帮助女儿为她最喜欢的洋娃娃钉扣子，做衣服。让女儿在玩中培养了对针线活的兴趣，远比花很多钱给女儿买芭比娃娃有价值的多。

　　女儿年龄还小，稳定比较差，遇到困难容易退缩。学习针线活的过程中，女儿难免扎到自己的手，会产生厌恶情绪。妈妈怕女儿受伤，就放弃女儿学习这门技巧。妈妈要先"狠下心来"，再心平气和地告诉女儿如何做针线活。

　　今天的生活，让女生远离了针线活。"女红"是中国过去传统妇女必学技能，但随着现代机器替代手工，会针线活的女生越来越少。社会虽然在进步，但不可以就此不让女儿学习针线活。妈妈让女儿学习针线活，会让她收获满足感和成就感。心理上的满足感是女儿学习针线活的最好动力。在中国的传统文化中，针线活是女性的象征，甚至代表着一个女生勤劳、节俭的体现。

　　小樱的妈妈会织毛衣、做衣服，小樱耳濡目染也很喜欢做针线活，跟着妈妈学会了不少。后来她喜欢上了十字绣，绣了一幅风景画送给好朋友当生日礼物。朋友收到礼物，非常的高兴，夸奖是个小樱心灵手巧的女生，甚至表示自己也很想学。小樱看到朋友这么喜欢这份礼物，心里也跟着高兴。

　　在中国的传统文化中，女生应该能够做一些针线活。父母让女儿会针线活，就是让女儿多了一项技艺。也不会像媒体上报道的某某大学的BBS上寻找"缝补妹妹"的笑话。而且，让女儿喜欢上做针线活，可以磨炼她的性格。当她遇到不愉快的时候，可以做一做针线活或者绣一绣十字绣来让自己平静下来。

　　手巧的女生，心是灵秀的。在琐碎的日常生活中，总能够为自己找到一丝的平静，给自己一份安静的享受，为自己营造一个恬淡的生活。父母要让女儿学习一些针线活，让女儿学会享受生活中的平凡乐趣。

2. 插花、品茶艺术，尽显北大女生优雅的生活品质

插花、品茶在我国已经有着悠久的历史，在今天已经成为一种艺术。北大女生对插花、品茶有着很多的讲究，对它们赋予个性、格调、品级和象征。父母让女儿学习插花、品茶艺术，使她的生活更优雅，更能彰显北大女生优雅的生活品质。

插花和品茶不是为了附庸风雅才去做的，而是每一个热爱生活的人都喜爱的插花、品茶不是一种表面文章，而是一种内在修养的提升，同时获得精神上的修养和愉悦。父母让女儿学习插花、品茶艺术，就是让女儿拥有一份优雅的生活。

女儿在学习插花中，表达了自己的思想意境和内涵，体现了东方女性对美的认识，使她手中的插花不仅仅具有装饰的效果，而且达到了"形神兼备"的艺术境界。女儿在利用一些植物材料的时候，追求着线条美，抒发了情感，表达了一种意境美。在讲究画意中，体现了女儿崇尚自然的品性，同时又为自己的作品赋予了人性，以深刻的思想内涵，表达了自己当时的精神境界。插花看上去清淡、素雅、单纯，轻描淡写，但能够给创造者和观赏者一份美的享受，心境的释放。小区正在组织一个DIY插花课，菲菲的妈妈看到后就带着女儿去报名。

菲菲今年7岁了，在这之前从来都没有听说过插花，所以一开始上课都是妈妈拉着她去的。但几次课下来，菲菲开始对插花感兴趣了。在课堂上，菲菲和妈妈的成品水平一般，但她们都表示，重要的是动手过程中的

享受，"自己的作品，都是最美的啦！"

在母亲节的时候，菲菲竟然想到为妈妈送上了一盆插花。菲菲送给妈妈娇艳的鲜花，寄托她对妈妈的感恩之情，寓意慈母之爱，表达了对母亲的热爱之情。妈妈看着摆在客厅的插花，心理美滋滋地想：以前都是我给她送礼物，现在女儿长大了！

插花可以成为女儿生活中的装饰品，可以成为感谢朋友、家人的礼物，寄托自己的心意。同时，女儿的智慧通过插花体现了出来。在他人眼中，女儿是一个懂得优雅生活的女生，是一个能给人带来温暖的，值得人们亲近的女生。

除了插花，父母还要让女儿学习品茶。中国人有饮茶的习惯，但品茶却有着很多的讲究。看似一杯茶，背后有着一段历史，蕴含着一种饮茶文化。茶融入了中国人的文化，并形成了一门独到的艺术，也最能细微处见精神。爱喝的人，注重的不仅仅是茶的品种，茶的年份，更注重品茶给自己带来的身心健康。

父母要带着女儿学会品茶，因为茶体现了中国的民族性，比如自然谦和。中国饮茶有着悠久的历史，父母让饮茶成为女儿生活中的一部分，不需要太多的形式和空间，女儿就可以感受到饮茶给她带来的情趣。它是一种不张扬的和谐欢愉，而且蕴蓄着一种高雅的情致。

懂得品茶的女生就会像茶一样，细致入微，体现女性柔美的一面。即使平日生活中的压力让女儿有一个干练强势的个性，但茶道可以让她静心，静心，再静心，暂时把所有的烦恼都忘记，让紧锁的眉头慢慢舒展开来。人们生活需要放松，而品茶不失为好的休闲娱乐方式。父母让女儿学会品茶，她就找到了放松自己的最好方式。平日里以茶会友，畅谈心事，消除生活中的紧张。女儿在品茶的过程中修炼了性情，更享受到了生活中的无穷乐趣。

不管是插花，还是品茶，都是用自己的智慧把"物"和"人"的有机结合。父母让女儿把插花、品茶作为日常生活中的习惯。让女儿学习插花的技巧，提升品茶的境界，把她的修养引向艺术化，赋予生活更强的灵性和美感。父母让女儿学习插花、品茶，会让生活有着一种浪漫的氛围。插花、品茶让生活变得多姿多彩，充满生活情趣，对于丰富她的生活，提高生活品位，是一种积极的方式。

插花、品茶也是女儿展现自己的舞台。在欢快的节日里，让女儿为家庭营造喜庆的气氛可以插花；有客人来访可以省去那些俗套的吃吃喝喝，双方静下心来品一品茶。这样的女生有着独特的气质和魅力，总可以给人带来高尚、美好的享受，也给自己带来一种表演后的满足感。

让女儿把插花、茶艺作为一种人生艺术。人生如插花，需要花些心思去设计才能构造出美丽；人生如品茶，在紧张繁忙之中，泡出一壶好茶，细细品味，通过品茶进入内心的修养，感悟苦辣酸甜的人生，使心灵得到净化。

插花、品茶是一种文化的体现。女儿在学习插花、品茶的过程中，广泛吸收和借鉴了中华民族优秀的文化和艺术形式，并扩展到文学、艺术等领域，提升自己的文化修养，成为一个内外兼修的女生。

3. 会做几个拿手菜——出得厅堂，进得厨房

作为一个北大女生应该学会做饭，这对女儿今后的生活非常重要。虽然在今天的社会，厨房并不一定属于女生，但是做饭对于北大女生来说不仅是一项基本技能，也是北大女生体现女性温柔贤惠的象征。

做父母的要教会女儿做饭，这是一个很基本的训练和基本能力的培养。欧洲有一句话叫"爱是从胃里开始"的。英国有统计，离婚率高的夫妻都不会做饭。通常会做饭的女生自理能力强，能够很好地照顾自己，照顾家人。能够炒一手好菜的女生更加热爱生活，懂得享受生活中的乐趣。在自己不愉快的时候，下厨房为自己做几个喜欢的菜肴，犒劳一下自己。能够做一桌子好饭菜的女生，会赢得很高的评价，俗语说：出得厅堂，进得厨房。

十指不沾阳春水的女生实难立足。女生学会做饭对自己和他人好处多多。父母要从小让女儿进出厨房，锻炼她的好手艺。在家中父母要为女儿营造一个学习的气氛。父母要找寻各种机会，使女儿肩负起自炊的责任。

每当张女士和女儿单独在家的时候，她都会热切的要求女儿帮助自己做饭。比如，让女儿帮忙剥大蒜、递油盐，做些力所能及的"下手活"。如果张女士不在家的时候，在确保安全的情况下，会鼓励女儿自己试着做一些东西吃。比如，煮方便面吃。虽然吃饭便面很没有营养，但这是锻炼女儿的一个很好的机会。让女儿在厨房里小试牛刀。当放寒暑假时，张女士会多给女儿一些实战的机会，自己在一旁督战。

一天，女儿要求吃番茄炒蛋，当张女士准备去做的时候，女儿跃跃欲试的要求自己来做，看着女儿兴奋的样子，张女士同意了。为了保护女儿的安全，张女士还是走进了厨房，同时也指导女儿的操作。张女士看着女儿洗菜、切菜，虽有些"惊心动魄"，但总算是把菜收拾好。在炒菜的时候张女士叮嘱女儿应该放多少油，先放什么炒，在放什么等等。女儿第一次做番茄炒蛋，总是不免有些狼狈，但张女士只是指导，没有直接伸手帮忙。在一番手忙脚乱后，女儿终于完成了她的杰作。张女士做出非常急切的样子，拿起筷子尝了尝，味道虽然不好，但对于第一炒菜的女儿，她还是给予了不少夸奖。女儿得到妈妈的肯定，心里也很高兴，还对张女士说："炒菜也不是什么难事，下次我一定能做得更好……"

不管学习什么都是由不会到会，父母不要嘲笑女儿的手艺差，而是应该鼓励她去尝试。或许她的第一次不那么美味，不那么好看，但是在她的眼中却是最好的一餐。女儿有了一次尝试之后，就有了一个美好的开始。父母的鼓励为女儿打开了学习厨艺的大门，让女儿对自己越来越有信心。

在美国，做饭对许多孩子都有吸引力，他们会是我们年龄中较小的管家和化学家。父母不要看低自己的女儿，他们往往更喜爱挑战。比如，女生喜欢做她们自己喜欢的食物，并且愿意学做比父母为她们选定的菜单更复杂、更难的菜。然而在我国，很多女生都不会做饭，父母做什么就吃什么，从来没有想过为自己炒几个好菜。

谢阿姨最近为女儿的生活担心。原来谢阿姨为不耽误女儿学习，从不让她碰家务活。等到女儿长大，留学澳洲的头一年，女儿常打电话来哭诉不会买菜、做饭和洗衣服。谢阿姨现在后悔说："这一代孩子真不像我们那一代啊！我像她这么大的时候已经懂得如何安排自己的生活了。当初真应该让她学学做饭洗衣……"

为了让女儿学习厨艺，父母不要对女儿保护过多。很多父母觉得女

儿学业重，所以不用学习炒菜做饭。其实，很多女生看到父母在厨房里忙活，会本能地注意和观察，甚至是主动要求学习。父母要利用女儿的这种好奇心，而不是拒绝女儿的要求。喜欢做饭是一种心理习惯。如果女儿从小就不接触做饭，就不会有去尝试的愿望，长大之后也不会喜欢做饭，更别说能够炒得几个拿手好菜了。父母应该保护女儿希望尝试的愿望，只有这样女儿才愿意和父母学习做饭，学会一种技能。

懂得享受做饭给自己带来快乐的女生，是热爱生活，心中充满希望的女生。父母要把生活的态度教给女儿，比教给她知识技能更重要，更能够让她一生受用。一个热爱生活珍惜生命的女生，才能一辈子平安幸福。每个家长都希望自己的女儿成功和富有，但即使她还不够优秀，父母也不要对女儿失望，只要耐心培养，女儿一定可以成为一个出得厅堂，进得厨房的优秀女生。

第十二堂课

才艺彰显北大女生的高雅

一个女人的外貌随着岁月的流逝而老去，但是才艺却会永存。北大女生都透露着一种高雅的气质，她们多才多艺，她们虽不是琴棋书画样样精通，但她们各自都掌握着一门或几门自己所钟爱的才艺。而且女儿学习一些才艺是一件好事，它即可以陶冶女儿的情操，又可以让她显得气质高雅灵秀。所以父母要把女儿培养成为一个秀外慧中的女生，离不开才艺的作用。

1. 琴棋书画，展现北大女生的高超智慧

　　父母常常会希望女儿琴棋书画样样精通，但父母的这种想法常常给女儿造成了负担。如果再加上父母教育的目的和方法不得当，直接影响女儿的成长。所以，父母不如调整一下自己的愿望，况且，要想成为北大女生，也不必琴棋书画样样精通。

　　现在生活越来越好，很多父母有经济能力去培养女儿学习才艺。于是，很多父母开始把琴棋书画作为培养女儿的教育目标，并且不惜花上自己的大量时间和精力。但是，父母的想法有时候是自私和虚荣的。之所以这样说，不是怀疑父母对女儿的关爱与美好期待，而是父母没有站在女儿的角度来思考。

　　10岁的芳芳出生在一个知识分子家庭，父母对她有着很高的期望，芳芳也一直很努力地实现着父母的期望。在学校里，她成绩优异，还是少先队干部，班级学习委员。芳芳从小热爱学习，遵守纪律，性格温顺，是老师心目中品学兼优的好学生，是父母疼爱的"掌上明珠"。但父母对芳芳的期望都过高，要求也过严。父母要求芳芳考试成绩要在年级前三名，有时没有考好，即使仍是名列前茅，父母仍不高兴，认为女儿是退步了。

　　对于芳芳的业余爱好，父母也抓得很紧。父母一直希望女儿成为一个琴棋书画样样精通的女生。所以，父母请人教芳芳学电子琴；又为芳芳安排到少年宫参加少儿书画课程。芳芳的父亲略通棋术，抽空便教芳芳下围棋、下象棋。在父母的教育计划下，芳芳没有一点自己的时间。

芳芳看到父母对自己的期望，心理压力越来越大，学习更加刻苦用功，丝毫不敢懈怠。但从小学三年级下学期期末开始，芳芳感到力不从心，觉得身心疲惫，一看书就觉得头痛，有时还会眼前发黑，浑身无力。课堂上有时也感觉脑袋发紧、发胀，不舒服，晚上睡觉时则常有失眠现象发生。

父母对芳芳的过高期望，让她心理承受了负担，产生了学习疲劳的现象。芳芳的学习压力已经很大了，但是父母一味地提要求，为女儿"补课"，让芳芳忙完课堂作业，还要做课外作业。父母盲目地用古代淑女"琴棋书画"的标准来要求现代社会的女生，结果使女儿疲于学习，叫苦不迭，甚至到了伤害身体健康的地步。其实，像芳芳这样身心疲惫的女孩还有很多。这都是父母的错误教育方式和观点害的，这样的父母需要反思了。

父母都是望女成凤，即使自己辛苦点也要好好栽培女儿。这种现象甚至成为今天中国家庭教育的一种趋势。很多父母会这样想：不把女儿培养成为琴棋书画样样精通的女孩，别人家的孩子却在学，那样我的女儿会比不过人家的。有这样想法的父母是让女儿为了学习才艺而学习才艺，出发点已经是功利的了。

在让女儿学习才艺之前，父母分清楚自己的行为是为女儿，还是为自己。表面上，父母所做的一切都是替女儿着想。有的父母节衣缩食，省吃俭用，把辛苦攒下来的钱给女儿去学才艺。可是，有的父母是担心女儿比不上人家的孩子，有的父母是为了满足自己的虚荣心而让女儿琴棋书画样样精通。

父母希望女儿琴棋书画样样精通，希望永远都是美好的，但是把希望转变成现实是有条件的。培养女儿琴棋书画要注意女儿的爱好是什么。女

儿的爱好很可能与父母要求不一致。父母应该尊重女儿的爱好，不要强迫她去学习自己不喜欢的东西。勉强的结果只能是女儿不能认真学习才艺，父母却浪费了大量的精力和金钱。

晴晴的妈妈希望女儿是一个样样都出色的女生，从小就重视培养女儿的才艺，所以晴晴周末的时间都用来学习琴棋书画了。可是，晴晴对琴棋书画并不感兴趣，她的性格很活泼，比较好动，更喜欢让爸爸陪她打羽毛球。

自从上了妈妈安排的学习班，已经很久没有打球了。妈妈看出了女儿的不乐意，但还是规定女儿按时上课。妈妈又觉得女儿年龄小，十分不放心，就陪女儿上课。过一段时间，妈妈发现晴晴琴棋书画的才艺没有一个学好，甚至自己都比女儿懂得多。

做父母者要了解自己的女儿，如果女儿真的没有天赋，父母再怎么努力也是没有用的。更何况父母希望女儿琴棋书画样样精通，这是一个较高的要求，不是谁都可以实现的目标。琴棋书画因人而异，女儿某方面如果没有天赋，父母就应该接受现实，鼓励女儿在自己喜欢的领域发展，女儿的心理负担也不会那么重，父母也乐得轻松一些。

女儿的心理和身体正处于发育的阶段，心理承受能力有限，因此父母千万不能把自己的愿望强加给女儿。像琴棋书画样样精通这样过高的要求不要轻易压给女儿。父母要做一个民主的人，要给女儿留有发展自己兴趣的余地，使她感到为自己的兴趣而忙碌是快乐的，这样才有利于女儿身心的健康成长。

父母对女儿的希望要理性一些，应尊重女儿的兴趣。家长还应根据女儿自身的特点，理智地选择学习内容。父母不给女儿施压，尊重她的兴趣与爱好，才是对她成长的真正关心、爱护、培养。所以琴棋书画大可不必样样精通，应当根据女儿的爱好适当选择。或者父母可以减低自己的要求，把琴棋书画作为女儿减轻学习压力的方式，不要强调"精通"的水平。

　　总的来说，琴棋书画样样精通固然可以充实女儿的生活，让女儿显得气质高贵，但是它并非女儿生活的必需品，这些可以算是补充、点缀。父母无须担心女儿没有精通琴棋书画的才艺，而不如别人的孩子。父母只要配合女儿的兴趣，在众多才艺中作个选择，并在必要时做适当的调整，女儿必能开开心心地学习，父母也会感到所花的心血没有白费。

2. 会点儿舞蹈，体现北大女生的艺术天分

　　每个女生，都是天生的舞者。细心的父母会发现，女儿在很小的时候就会用手舞足蹈、蹦蹦跳跳来表达自己内心的情感。那么，身为父母的我们，应该更好地去引导女儿学习一点点舞蹈，不仅可以提高她的情商、智商，不仅可以帮助她成为北大女生，还可以让未来的北大女生拥有高贵、优美的气质。是他们在紧张的学习之余能够自娱自乐，放松心情，从而更好的学习。

　　舞蹈是一种以人体动作为主要表现方式的艺术。人们可以通过手舞足蹈表达自己的情感，在旋律之中体现了一种空间流动的美。父母应该让女儿学一点舞蹈，不必要求她把舞蹈作为自己的事业，成为舞蹈家，而是用舞蹈来熏陶女儿的气质，陶冶情操，让她有一门爱好、才艺。

　　学习舞蹈的女生经过长期地、专业地、系统地训练后，她们的身体外形会向理想的方向发展。与其他孩子相比，身材更挺拔、修长，曲线更玲珑，举手投足间都能表现出一种优雅，无疑学习舞蹈可以给孩子带来很多的益处。

　　（1）气质高贵、优雅的女生需要一个优美的体态。舞蹈是女儿美育的方法之一。女儿正处于生长发育的时期，经过舞蹈训练能使她站得直，形体优美，可以纠正驼背、端肩等形体问题。

　　舞蹈对人的肌肉刺激是全面的、综合的，能够消耗人的热量。舞蹈还是一项有氧运动，可以提高肺活量，学会正确用气、呼吸，可以使女儿身心得到更好的发展。现在很多女生在父母的照顾下，营养过剩，又不积极参加锻炼，有肥胖的趋势。对于不喜欢枯燥运动的女生来说，舞蹈是一种理想的保持体态的运动。

（2）舞蹈作为一项才艺，可以提升女儿的气质和魅力。舞蹈首先可以陶冶女儿的修养情操，同时女儿可以欣赏到不同的音乐，音乐可以让人心情开朗。父母让女儿经常跳舞，可以使她身心愉悦，缓解紧张情绪，消除生活中的压力，促进心理健康，让女儿更加有活力和朝气。

学习舞蹈的过程是一个丰富女儿知识、提高女儿审美的过程。因为舞蹈是通过音乐、动作、表情、姿态来表现人物的内心世界，让女儿潜移默化地接受到艺术表演的熏陶，使女儿享受着艺术美。

（3）舞蹈增加了女儿的情商和智商。舞蹈是需要表演者注入自己对舞蹈的理解和感情，然后通过形体、动作、眼神来表现。在跳舞的过程中能激发女儿的想象力、创造力，抽象思维得到了培养。

（4）舞蹈能培养女儿的非智力因素。学习舞蹈很艰苦，女儿要想把自己的舞蹈跳好，就需要努力练功。女儿的基本功训练，培养了她不怕吃苦的精神，磨炼坚强的意志。另外，当女儿经过自己的努力，终于可以登台演出了，可以锻炼女儿的勇气，增强自信心和更好的心理素质。

既然舞蹈对女儿有那么多的好处，父母当然应该让她学一点舞蹈了。但女儿对舞蹈不感兴趣怎么办？父母应该怎样去引导女儿学习舞蹈，进而让女儿拥有优美的气质呢？一般来说，具有舞蹈智能的女生，在很小的时候（1~4岁）就会表现出舞蹈的天赋。在家中父母陪女儿看一些少儿的舞蹈节目，也可以放下家长的面子，带着女儿一起模仿电视里舞者的动作。也许，女儿最初会以为是爸爸妈妈在和自己做游戏，嘻嘻哈哈的玩闹。但时间长了，女儿可能会羡慕电视里的舞者，心想：我也想在电视里教别人跳舞。

当女儿已经对舞蹈产生了兴趣，想去学习的时候，父母也不要过早

的答应她的要求。延迟满足，在家庭教育中有很多的应用。学习舞蹈很辛苦，女儿会在学习的过程中因为怕疼、怕累而半途而废。因此，当女儿提出学习舞蹈的请求时，父母一定要记得延迟满足她的心愿。比如，妈妈可以故意拒绝她，理由是怕她打退堂鼓、怕她浪费钱。让女儿自己向父母表决心。延迟满足的目的是让女儿意识到，她的学习机会来之不易，使她鼓起勇气继续坚持、继续努力，最终学有所成。

对学习舞蹈的女儿，父母要坚持鼓励，也要有所坚持。如果女儿在学习的过程中，出现了退缩心理，父母要坚持原则，不要纵容女儿的行为，要让女儿直面困难，挑战自我。这不仅是为了孩子在长大后能拥有一份特殊的才能，更是对孩子意志力的一种强力锻炼。当然，女儿学习舞蹈要克服很多困难，所以女儿的一点进步，父母都应该给予肯定。在女儿学习舞蹈的问题上，父母要多花些心思。要根据女儿的年龄、性格、身体条件来决定女儿学习什么样的舞蹈。父母应该多多学习一些知识，向专业人士请教。比如大腿粗的女生不适合学习芭蕾，因为芭蕾基础训练的时候，力量都在腿和脚上，这会让腿部变得非常结实，从某种程度上来说，两条腿看上去会显得更粗。为了避免女儿受到意外伤害，父母还要学习一些安全知识，来辅助女儿在家里练习舞蹈。如果父母真的不太懂安全知识，就不要让女儿在家中练习。

最后，舞蹈不只是那些身材修长的女生才可以学的才艺，如果您的女儿体态偏胖，也没有关系，因为舞蹈不是某些人的专利。父母不要求女儿成为舞蹈家，只是希望通过舞蹈陶冶她的情操，提升她的气质。也许，他们的舞姿不是最优美的，但是她们仍然可以享受舞蹈为他们带来愉快感觉。父母要相信自己女儿不比别人差，胖女孩也要对自己有信心，才会像真正的舞者一样表演流动的美。

3. 学点儿音乐，展示北大女生的灵动气息

北大女生拥有良好的音乐感受能力，北大女生喜欢音乐。父母要从小培养女儿对音乐的兴趣，发展其对音乐的欣赏能力。父母为女儿创造一个良好的音乐环境，是开发其音乐潜能的基础。激发她的内在潜能，培养良好气质，音乐环境不仅能充分激发女儿的主动性、创造性，为她成为北大女生做准备；也能更好地培养和提高其对音乐的感受能力和理解能力，让女儿显得更加高雅，为她成为北大女生铺路。

音乐，既是一种独具魅力的音响艺术，又是父母对女儿进行美育教育的重要方法。音乐通过听觉激起女儿情绪上的共鸣而产生的各种联想，在联想中得到美的熏陶，精神上的满足，从而达到陶冶情操，升华性情的目的。优美的音乐带给女儿感官上的刺激，获得精神上的愉悦和乐趣，而且以其神奇的魅力开发女儿的智力。欣赏音乐又是一种综合的美育活动、是立体的，多角度的，把视、听、思、讲结合起来，真正地提高了女儿的欣赏水平，才能真正了解什么是美，什么是艺术，并充分达到完美的教育目标。音乐是女儿成长的伙伴。让女儿的生活充满音乐，让她在浓厚的音乐氛围中，一点点、一滴滴地听懂音乐，理解音乐。

巴甫洛夫学说就告诉人们，在外界环境作用于人的同时，会使人产生反射作用。因此，在女儿欣赏音乐时，具有不同特点的音乐就会使她的感

受器官直至大脑和神经系统产生不同的反射作用。这种反射作用会让女儿深切感受理解其优美、崇高的感情特征，陶冶女儿的心灵，并促进女儿健康地成长。

音乐是女儿具有灵动气息的源泉，基本的音乐素养是培养高雅气质的捷径。也许您的女儿没能拥有贝多芬或是莫扎特的音乐天赋，但是让她从小就喜欢音乐，生活在音乐的氛围中，长大后必然热爱生活、气质高雅。那么，父母如何通过音乐的熏陶来让女儿富有灵动气息呢？

（1）音乐胎教让女儿更优秀，更健康。音乐胎教是指通过音乐对母体内胎儿施教。怀孕四个月以后胎儿就有了听力，而六七个月的胎儿能够听到来自妈妈体外的声音，这个时期的胎儿正处于听觉产生期，并与成人的听力相差无几。所以妈妈可以买一些胎教音乐对胎儿施教。音乐生理学家们的实验早已证明：进行音乐胎教，对胎儿的身体和将来性格、智力、情感的发展有益。

澳大利亚堪培拉的产科大夫曾让35名孕妇，每天按时来医院欣赏音乐，胎儿出生后，每一个都是身体健康，体格健壮。在10年之后，35名胎儿中有27名儿童获音乐奖，4名儿童成为舞蹈演员，其他人成绩均为良好，无一人有不良行为。

在中国已经有父母采用胎教音乐对胎儿进行教育，但是胎教音乐并不是简单地为女儿放一放音乐就可以称为胎教。妈妈喜欢的音乐，对胎儿不一定有益。优美的音乐不一定可以作为胎教音乐。高频音乐和音量过大对胎儿的听觉不利。作为胎教音乐，要求在频率、节奏、力度和频响范围等方面，尽可能与宫内胎音合拍。不符合其中哪一点对女儿的听力都是一种危害。

（2）音乐胎教还需要与女儿的早期教育相承接。始自胎儿的胎教并不能以分娩而结束，还必须与婴儿的早期教育相连贯，这样才不会使胎教前功尽弃。女儿刚刚出生，父母便应该逐渐引导她聆听周围的声音及音乐。比如，自然界的风声、雨声、动物发出的声音，能发出悦耳声音的玩具、风铃，家人说话的声音等等。生活中所有的声音都可以用来锻炼女儿的听觉能力。

父母为了女儿的音乐启蒙，别忘了给女儿放一些优美的音乐，可以使女儿的左右脑发育平衡。用音乐开发女儿的情感、智力、修养，父母注意按女儿的音乐心理发展规律给其听音乐。比如：女儿出生后，父母可以继续给女儿听胎教音乐；女儿5个月大时对音乐表现出明显的兴趣，并配合音乐节奏摆动四肢，她已具有初步的音乐记忆力，并对音乐有着初步的感受。当女儿对音乐有了反应，父母就可以进行有步骤有目的的音乐启蒙教育了。比如，让女儿反复听某一音乐，以增强她的音乐记忆力。在固定的时间为女儿放些音乐，让女儿生活在音乐中，激发女儿对音乐的兴趣。

不过，父母给女儿什么样的音乐都不能避免一个缺点——音乐虽然优美，但不能为女儿提供感情需要。一个具有灵动气息的女孩情商和智商缺一不可。所以，父母应该唱不同的歌曲给宝宝听。

（3）让女儿接受音乐熏陶的过程变得有趣。孩子都好动、稳定性差。所以父母培养女儿音乐细胞的时候，要让听音乐的过程变得有趣。父母运用故事、图片、谜语、舞蹈等多种形式，带女儿进入情境。比如，在欣赏欢快的曲子时，为了使女儿更好地感受旋律、节奏、速度情绪的变化，父母启发女儿体验喜气洋洋、互相祝贺、敲锣打鼓、载歌载舞的热闹场面，与她一起跳舞。通过这个过程，女儿感受到乐曲中速度的变化，并从中体会到速度对表达音乐情绪的作用。

或者在欣赏音乐的时候，父母为女儿找来演奏这个曲子的乐器。或者父母利用图片教学，把抽象的内容化远为近，化虚为实，使看不见的东西

通过形象手段变成看得见。这是一种借助视觉的直观性来帮助听觉感知，大大加强了音乐的直观性和感染力，有利于女儿对音乐形象的理解。

父母多花些心思在听音乐的方式上，会让女儿觉得自己不是在听音乐，而是在和父母做游戏。父母调动了女儿的积极性，启发她的思维，开发她的智力，来展示作品的魅力，这样会收到事半功倍的效果。女儿不仅心情愉悦，而且轻松地接受了音乐熏陶。

在培养女儿的音乐修养时，父母对女儿的要求不能过高，脱离了女儿自身的情况。如果强硬地为女儿规定一些目标，结果将会适得其反，不仅扼杀了女儿对音乐的兴趣，女儿的身心也不会健康发展。父母让女儿接触音乐时，不要忘记体验比结果更重要。

第十三堂课

完美的北大女生，须拥有"三心"

　　衡量一个女生是否完美，学习成绩不是唯一的标准，做一个美丽的女人更多的是要有一颗美丽的心灵。歌德说："外貌只能炫耀一时，真美方能百世不殒。"北大女生的完美在于除了她们优异的学习成绩外，他们都拥有一颗感恩的、宽容的、仁爱的心。父母常常会把素质教育挂在嘴上，但现实中是不是重视女儿的美德教育？父母要把女儿培养成完美北大女生，需要让女儿拥有一颗美丽的心灵。

1. 感恩的心——北大女生会感谢拥有的一切

感恩是北大女生的一种美德，教女儿学会感恩，是女儿成为完美北大女生必须学会的重要课程。让女儿学会感激给予生命并养育她成为北大女生的父母；感激给予她各种知识实现北大女生梦想的教师；感激给予她帮助的同学和朋友；感激生活中一切美好的事物。让女儿拥有一颗感恩的心，这是所有北大女生必须具备的基本品德。

现在很多父母给女儿过多的爱，视她为小公主，放在手上怕摔了，含在口里怕化了，他们根本不知道父母为自己付出的辛苦，这是父母教育的失败。作为父母，应该让女儿知道感恩，懂得珍惜自己所拥有的一切。

姗姗生活在一个单亲家庭，她从小就没有父亲。没有爸爸的姗姗在母亲眼里是很可怜的，为了补偿这个缺陷，妈妈总是女儿要什么就给什么。

妈妈对姗姗说："咱们吃饭了。"

姗姗说："今天吃什么？"

"炖牛肉，蔬菜色拉。"

"可是，我要出去吃比萨饼。"姗姗大叫。

"就在家吃妈妈炖的牛肉吧！"

"我不喜欢吃你炖的牛肉。我现在就要去，走啊，快点。"

"不行，姗姗，妈妈太累了。明天再去吧。"

姗姗跺起脚来，霸道地说："现在就去！"

妈妈哄着姗姗说"妈妈今天干的事太多了。刚打扫了房间，又做了饭，实在太累了。以后有机会再去吃比萨饼，不行吗？"

姗姗根本不听妈妈的话："我现在就要去，现在！"

妈妈继续请求姗姗，可她根本不听，接着又哭又叫又闹。最后妈妈屈服了，带她去街上吃比萨饼。

姗姗也渐渐感觉到了母亲的纵容，不过她没有体会到这是因为母亲爱他，反而，不停地向妈妈要这要那，甚至有些无理要求妈妈也要满足。这使姗姗感到有求必应、随要随到的乐趣。如果妈妈拒绝姗姗的一些无理要求，她就大发雷霆。

现在很多女生以自我为中心，吃东西要吃最好的，好玩的要自己来选。家里的大人要顺着她的意思，否则就是不爱她了，就会闹情绪。她从来没有感谢他人的意识，根本体会不到他人的辛苦，认为父母的爱是天经地义的。

可怜天下父母心。父母对女儿的爱是最博大、最无私的，他们把所有的真爱、情感都灌注给了儿女，丝毫不顾及自身的辛劳和艰辛。但是父母的付出与回报却不是正比，很多女生是不会被父母的付出所感动，懂得感恩者更是寥寥无几。

女儿为什么不能够体贴、感谢自己的父母？这说明今天的父母对女儿的"爱"出了问题。父母对女儿的爱超过了一定的限度，就成了溺爱。溺爱是一种伤害，即让女儿失去体贴他人的美德，也浪费了父母的一番苦心。

懂得感恩是每一个女生都应该有的美德。不懂得感恩的女生是不受社会欢迎，不被他人喜爱的。她的人际关系必然是糟糕的，更不可能成为一个完美的女生，拥有一个美好的未来。美国《纽约每日新闻》曾经报道过：美国心理学家经过研究发现，能够心存感激，经常说"谢谢"的孩子情商更高——机灵、热情、坚定、细心而且更有活力，而且这些孩子也更

乐于帮助别人。父母对女儿的感恩教育是对女儿心灵的浇灌，切莫忽视。

父母要重视对女儿的品德教育。中国传统的道德观念中，提倡"百善孝为先"，但一个女生不懂得感恩，就失去了爱父母的感情基础。试想连自己的父母都不爱的女生，又怎么可能爱他人、爱社会呢？一个女生如果心里没有爱，谁还愿意来爱她呢？即使她很聪明、勇敢、坚强，但却掩饰不了她内心的缺陷。

父母要让女儿做一个懂礼貌的女生。比如，女儿收到了自己不喜欢的礼物，也要学会去感谢对方。女生不应该是为了礼物价值的大小而感谢他人，也不该为得到的多少而感恩，而是应该感谢他人的心意和友善，以及花在自己身上的宝贵时间。表达感恩也是一种快乐，是其他东西无法给予的。父母让女儿体会这种快乐，鼓励她把这种感受说出来。

父母要让女儿明白，生命的意义在于相互依存，每一样事物都会依存于其他一些事物上。人类社会就是如此，没有谁能够独存于世。所以，每一个人自从有生命起，便沉浸在恩惠的海洋里。父母要让女儿明白，从她呱呱坠地起，就享受着父母的养育之恩、师长的教诲之情、朋友的关爱之心以及他人的无私奉献，都在强有力地支撑着她的成长。

父母要在生活中，对女儿进行潜移默化的影响。日常生活中有很多小事，父母不要不把它们放在心上，小事积攒多了，会被女儿牢牢地记在心中，形成一种认识。女儿的感恩是从他人的言行中学来的，尤其是父母要做好榜样。父母将感恩习惯的养成教育渗透于日常生活之中，要利用一切可以利用的契机对孩子进行教育。

今天晚饭有鱼吃，妈妈加起鱼头放到了自己的碗中，对女儿小然说："妈妈最喜欢吃鱼头了。"爸爸加起了一块鱼尾的肉，说："爸爸最喜欢吃鱼尾了。"小然说："我喜欢吃中间的肉，你不喜欢吃，那都是我的喽！"时间长了，家里形成了一条规律，只要是吃鱼，小然永远吃的是最好的肉。她还常常向小朋友们说："我们家很好，我爸爸爱吃鱼尾巴，我妈妈爱吃鱼头，我爱吃鱼身子。"

如果父母对女儿只有一味地奉献、一味地关爱，而不让女儿了解父母为什么会这样做，不了解父母内心的真实感受，那么女儿就会越来越自私，很难懂得感恩。比如，对待吃鱼的问题，父母应该在吃鱼的时候真诚地告诉小然，谁都知道鱼身子好吃，但是爸爸妈妈选择不吃，是因为要把最好的东西留给小然吃，希望自己的女儿营养充足，快快长大。父母让女儿明白自己的苦心，并慢慢地体会这份苦心，长大后就会学会感恩。

父母要和女儿多多交流，给她讲一些感恩故事。这是教育女儿感恩的最好方法之一。女儿在父母的引导下，慢慢地不说"这个是我的"，会愿意和他人分享自己的东西，并且感谢帮助过自己的人。父母还可以和女儿一起回忆她成长过程中的故事，用真实的故事向女儿说明，父母养育她的辛苦，意识到自己成长在感恩的环境里，并内化于人格之中。

2. 宽容的心——北大女生会严于律己，宽以待人

　　宽容是北大女生的一种美德。这种美德不但成年人需要，女儿也需要，甚至更加需要。因为女儿正处在成长的过程中，人生观、价值观、世界观还都处在变化之中，而拥有一颗宽容的心，更能奠定女儿成为北大女生的基础，更有可能让女儿成为北大女生。

　　"严于律己"即对自己严格要求，日省吾身，见贤则思齐，见不贤则内自省。"宽以待人"是最好的为人处世之道，它令人旷达无忧。在生活当中，女儿由于缺乏阅历，认识肤浅，处理问题往往急躁、冲动，不能克制自己，对别人缺乏理解，稍微受委屈就大发脾气，总是抱怨他人不对。为此父母必须让女儿懂得控制情绪，体谅他人，学会宽容，使她健康地成长。一个女生能够"严于律己，宽以待人"，那么将有助于自己品德的提高，将会赢得更多的朋友，在人际交往中也能更加得心应手，开拓美好的人生道路。

　　"严于律己"是女生不可缺少的精神品质。严于律己的女生对自己精益求精，有着令人佩服的意志力。严于律己的女生善于控制自己的行为，不断审视自己的行为，加强自身的修养。

　　"宽以待人"的女生能够宽容地对待别人，多发掘欣赏他人的优点，原谅他人的错误或者缺点。不能够宽以待人的女生往往是小气、傲慢、暴躁的性格，会让自己陷入紧张的人际关系中。因为她看人只看到别人身上的缺点，当然就无人可入其眼。试问天下有十全十美的人么？经常义正词严地指责他人，难道就能说明自己身上缺点很少吗？

下午放学的时候，妈妈去接女儿蕊蕊。到校门口的时候，发现蕊蕊没像以前一样迎上来，只顾着跟同学吵架，说到激动时还指手画脚。妈妈从来没有看见过女儿这样子，今天是怎么了？

妈妈走过去把蕊蕊拉了过来问到底出了什么事。蕊蕊已经气得涨红了脸，激动地说了事情的经过。原来是同学未经她同意，玩她的铅笔盒，结果铅笔盒的盖子给弄坏了。这个铅笔盒是妈妈为奖励女儿学习进步而买的，蕊蕊也特别喜欢，用的时候也很小心。结果还没有用到一个月就被同学弄坏了，她被气得找到人家理论，骂人家"没教养""怪不得成绩不好"等等。妈妈简单地安抚了蕊蕊，带着她回家了。

回到家蕊蕊看着受伤的铅笔盒，伤心地哭着问妈妈："这铅笔盒是不是很贵？"妈妈说："嗯，有点贵。""那好，明天我找他妈妈去，让她赔100块钱。"女儿的话让妈妈大吃一惊，妈妈赶忙说："这事你别管，改天妈妈去说。"妈妈想跟女儿来个缓兵之计，想让女儿慢慢忘了这件事情。蕊蕊的情绪稍微平静，不过还是气鼓鼓地说："我以后再也不理他了。"

第二天，蕊蕊问妈妈有没有碰到那个同学的妈妈。妈妈说："碰到她了，但我没有让她赔。"蕊蕊不高心地说："为什么？同学弄坏了我的铅笔盒，就应该赔啊！"妈妈对蕊蕊说："同学不是故意弄坏你的东西，他虽然没道歉，心里一定已经后悔了。而且，你那天在校门口骂人的话很难听，骂人的样子也很丑。人家弄坏了你的铅笔盒，你也不能用他学习不好的弱点报复他啊！再说谁没有犯错误的时候。你上次不是摔坏了家里的杯子吗？妈妈不是原谅你的错误吗？蕊蕊也应该反省自己的错误，也要原谅别人的无心之举。这就是'严于律己，宽以待人'，以后你会更理解这八个字的含义的。"

父母要引导女儿多发现他人的长处。在生活中，女儿与人相处，要见

人之长，容人之短。女儿应该学着客观地看待别人错误的行为，这样才会有宽阔的胸襟。父母利用女儿"犯错"的契机，使她明白人人都有可能犯错误的道理，培养她的宽容心。女儿在日常生活中难免会有过失，这时父母要善于把握时机，循循善诱，不仅使犯错误的女儿改正错误，同时也诱导其正确对待同伴的错误，学会原谅、容忍同伴的过失。

父母要告诉女儿希望别人宽容自己，自己就应该宽容别人，不愿意别人苛求自己，就不应该苛求别人。如果父母让女儿逐渐明白这一道理，她就可以避免许多矛盾和摩擦，从而与他人和睦相处。比如，在日常生活中，女儿和同学朝夕相处，一起学习，交往中难免会产生一些误会和矛盾，这时女儿应该严于律己，多想想自己的不足，主动承担责任，求得谅解，

学会将心比心，以责人之心责己，爱己之心爱人。让女儿站在他人的角度思考：自己的某些无心之举伤害到他人，而他人不原谅你，那你的感受如何呢？宽以待人，即使受点委屈，也要从大局着想，以友谊为重，做到有理让三分。如果女儿总是斤斤计较，心胸狭窄，一语不和就与他人针锋相对，那么即使一件微不足道的小事，都可能闹得不可收拾。俗话说"心底无私天地宽，人到无求品自高"，事实证明，一个人只要能跳出个人的圈子，才能严于律己，宽以待人。

和谐美好的家庭环境更为重要。父母与女儿之间友好相处，互相包容，形成一种良好的氛围，让女儿生活在这样的家庭中，会在女儿小小的心灵中种下善良的种子，渐渐养成宽容的美德。父母也要让女儿学会严格要求自己，懂得反躬自省，如果自己做不到的事情，更没有资格去批评他人。

宽容是一种文明胸怀，一种仁爱的光芒，更是一种人生的境界，宽容了别人就等于宽容了自己，宽容的同时，也创造生命的美丽。因此，严于律己、宽以待人的态度，是人际交往中的"润滑剂"，可以减少生活中许多不必要的摩擦和纷争。

3. 仁爱的心——北大女生的可爱之处

现在很多父母的教育观念是把女儿培养成最好。于是，很多父母都片面注重女儿的智力培养，热衷音乐、美术、跳舞等特长教育，而忽视了培养女儿的仁爱之心，导致女儿越来越自私，对他人缺少关爱、理解，很难与人和睦相处。父母在教育子女时，千万不要忘记对女儿的仁爱教育，拥有仁爱之心的女生才是最最有可能成为北大女生。

"仁爱之心"是指仁人、爱人、仁爱，就是同情、关心和爱护之意。"仁爱之心"是一种宽广的爱，是让人们爱父母、爱他人、爱社会、爱自然，甚至是那些做过错事已经改正的人，那些犯有罪过已经痛改前非的人。拥有仁爱之心的女生能够发自内心地去爱他人，这是一种由心而生的情感，是一种不求回报的情感。

意大利著名教育家米契斯在《爱的教育》一书中曾说过："教育没有情爱，就成了无水之地，任你方形也罢，圆形也罢，总逃不了一个空虚。"所以，"仁爱之心"是美德的核心，是最美丽的心灵之花。父母培养女儿具有仁爱之心，是培养其他良好情操的基础。父母要引导女儿成为富有仁爱之心的人，才能够受到人们的喜爱。

父母让女儿从小就要懂得关心他人。仁爱之心是人类最光辉灿烂的人性，最崇高伟大的品德。父母要把女儿培养成才，首先应该先让女儿学会做个有爱心的人。自私自利是仁爱之心最大的敌人。

小睿是家中的独生女，享受着来自父母，祖父母的疼爱。大人们把所有的爱都给了她，好吃的她先吃，好穿的都买给她，但是小睿变得越来越自私。

一次，妈妈叫小睿吃饭，但电视上正播着她最喜欢看的卡通片，所以妈妈就让爷爷奶奶先吃饭。等小睿看完卡通片，发现没有等她，就气得说："我不吃剩菜剩饭。"说完就把菜扔到了地上。

只知索取，不知付出；只知爱己，不知爱人，是当前很多女生的通病。生活中，有许多父母都抱怨自己对女儿疼爱有加，而女儿却自私自利，不懂得关心父母、关爱他人。人之初，性本善。自私自利不是女儿天生的，根源于父母的私爱和溺爱。

为了不让女儿的仁爱之心枯竭、泯灭，作为父母不仅要爱女儿，更重要的是，让女儿从小就要懂得关心他人。父母还要告诉女儿世界是一个整体，谁也不能孤立地生活，每个人都有需要帮助的时候。所以当他人需要帮助的时候，父母应该鼓励女儿献出自己的仁爱之心。

在5·12地震发生后，学校组织献爱心活动。成恩回到家后，对妈妈说："妈妈，给我50块钱吧！"妈妈说："小孩子要钱干什么？"成恩说："妈妈，我要捐钱给灾区的小朋友。"妈妈说："好，妈妈给你，希望你用这些钱去帮助别人。"成恩点点头，说："妈妈，我不会把钱乱花的，我要去做更有意义的事情。"妈妈听了以后很高兴，不枉费自己平时对女儿的教育。

女儿天生就有爱心，但父母的错误教育方式、教育观念，以及父母身上存在的缺点，把女儿的爱心在不经意间给扼杀了。父母是女儿的影子。有什么样的父母，就有什么样的女儿。要培养女儿具有仁爱之心，父母首先要保证自己有一颗仁慈的心。只有富有爱心的父母，才能培养出善良的女生。

身教重于言教。有这样一个故事：一对父母对自己的父母不孝顺，把老人送到一间破旧的屋子里住，每顿饭都用小木碗随便送些吃的给老人，一天，他们发现自己的孩子在用木头做一个东西，就问孩子在做什么。孩子认真地说："木碗，等你们老了就可以用了。"所以，父母平时就要注意自己的言行举止，做到孝敬老人、关爱他人、乐于助人等，让女儿觉着父母是有仁爱之心的人，自己也要做一个像父母那样的人。

父母要时时刻刻注意自己的榜样作用，女儿通过与父母的朝夕相处，模仿和体验到父母的爱心，潜移默化的影响，慢慢地也会获得爱心。在爱的氛围中感动女儿，在爱的陶冶下感化女儿；在爱的弥漫下感染女儿，使她能够在这种有情有爱的教育中感受什么是仁爱之心。在父母的影响下，女儿把父母的行为内化为自己的行为准则，一点一点地培养成了仁爱之心。

在女儿小时候，父母要经常爱抚她，对她微笑，让她感受到父母对她的爱，这是女儿萌生爱心的起点。随着女儿一天天长大，父母要把自己看作女儿的伙伴，陪她一起做游戏、聊天、学习，让她感受到家庭的温暖，感受到被爱的幸福，为女儿奉献爱心打下基础。前苏联教育家苏姆林斯基说过："良好的情感是在童年时期形成的，如果童年蹉跎，那么，失去的将永远无法弥补。"

总之，父母要想办法激发女儿的爱心。当女儿看到他人经历不幸时，父母要教育女儿充分理解和同情他人。父母要通过献爱心的活动、拥有意义的活动来唤起女儿的爱心。父母还要注意保护女儿的爱心。比如，女儿看到了受伤的小动物，父母要和她一起帮助小动物恢复健康。不要怕女儿受到伤害或者怕脏，而让女儿远离受伤的小动物。否则，父母在不知不觉中伤害或扼杀女儿的爱心。

"仁爱之心"不是父母教育女儿一两天便可以形成的美德。需要父母从自身做起，对女儿进行潜移默化的影响；需要父母从生活中的小事发掘机会教育，时时提醒女儿要关爱他人。只有这样做，女儿长大了，才会有仁爱之心。不需要别人再去提醒，她也会去爱他人。女儿懂得爱人，自会得到他人的爱。

第十四堂课

培养女生正确的价值取向

　　人的一生如果没有明确的目标和正确的价值取向，就不可能有太大的成就，也就不可能得到更多的幸福。人生短暂，有的女人成为命运的主宰，幸福地生活，而有的女人则成了命运的俘虏，消沉度日，其成败的关键还是在于自己是否能给自己的未来确立一个明确的目标和正确的人生态度。北大女生是有正确的价值取向、明确的人生目标的女生，她们知道自己应如何地去面对繁华世界中的一切，她们清楚拥有着正确的价值取向和生活态度是女人幸福的关键。

1. 让女儿知道，金钱不是万能的

　　在今天的社会，有着一种"一切向钱看"的现象。作为父母在教育女儿时，应该保持一份清醒，告诉女儿金钱不是万能的，帮助女儿树立正确的金钱观。女生没有正确的金钱观，容易在物欲横流的社会中迷失自我，失去人生的正确方向。北大女生是有着正确的金钱观的女生，对金钱有客观、清醒的认识，她们的美好生活不会依赖金钱的堆砌。

　　金钱观简单说就是人们对金钱的认识、分配与使用方法的思考与行为模式。现在，有很多的女生在很小的时候，就开始体会着有钱的快乐，享受着物欲盛宴。她们比自己的祖辈、父辈认识更多神奇的物品、美味的食物。父母希望把最好的都给女儿，但却忽视对女儿金钱观的教育。

　　金钱是一把双刃剑，人们的生活离不开它，但它也不可能满足人们的全部愿望。如果父母能多给予女儿一些正面的教育与示范，就能帮助女儿在未来处理金钱事物上，拥有一个正确的价值取向。

　　女儿天生对金钱是没有认识的，但随着生活经验的积累，她们对金钱逐渐认识。女儿也开始意识到钱是件什么样的东西了，她渐渐地懂得，钱原来是有用的，人们用钱可以买好多好多的东西，用它可以买到好多好吃的棒棒糖，买到好多好看的漂亮衣服，随着这种对钱的功能性意识的逐渐领悟，她也会对金钱形成一种认识，但这种认识是通过周围人对金钱的态度形成的。

父母是女儿身边最亲近的人，女儿的很多想法都受到父母的影响。如果父母不懂得培养女儿有一个正确的金钱观，女儿则有可能对金钱的认识产生偏差，视金钱如万能的钥匙。再加上某些社会因素的干扰，她也许会把对金钱的追求作为自己的人生目标。

妈妈看着自己九岁的女儿学习成绩一直不好，觉得心里很烦，与爸爸商量后就决定让女儿转学上一所著名的私立学校，还当着女儿的面和邻居说："女儿成绩一直不好，绝不能再让她在一般的学校里浪费时间了，要读就读最好的学校。"邻居说："上你说的那所学校要花很多钱吧！"妈妈说："钱不是问题，学校要多少给她就是了，只要我的女儿能上重点学校，以后考个重点大学。"

妈妈最终目的是为了让女儿能够上一所好大学，但是在无形中给女儿灌输了错误的金钱观，妈妈的行为似乎在暗示一个道理：钱的作用很大！妈妈有了钱就可以让女儿上一所重点学校、重点大学，要想有出息就必须有钱。妈妈在给女儿换学校的事情上，没有强调女儿应该如何努力，珍惜学习的机会，而是片面强调钱的作用。女儿不健康的金钱观，可能会成为她以后人生中所追求的一个终极目标，有了这样目标的女生是很难抵抗金钱的诱惑，也许有一天女儿就会因为金钱而变得堕落。所以，在生活中妈妈要注意自己的言行，不要让女儿误认为金钱是万能的。

做父母的，应该让女儿正确地看待金钱的价值——生活中需要金钱，但金钱不能给你带来想要的一切。有的父母不想让女儿过早地接触金钱，怕它腐蚀女儿的心灵。如果父母只是告诉女儿，金钱是件罪恶的东西最好离它远点，这是不正确的教育观点。女儿是有一定的判断能力的，在日常生活中，妈妈用金钱给她买来很多东西，她当然不会认为金钱是恶魔，也许她会把金钱视为平安夜里的圣诞老人。当女儿发现金钱的用处，她会认为父母在骗她，对父母持怀疑态度。

金钱是生活的必需品，父母要从小教育女儿对金钱有一个正确的认

识。父母不应该在女儿面前诋毁金钱的价值，也不要过分抬高金钱的价值。金钱本身并没有任何错误，它只是人与人之间进行商品交换时的一种载体，对金钱的任何形容都只是人们给它的。

小敏生活在一个幸福的家庭，不愁吃不愁穿，每天背着书包快快乐乐地上学去。一次，学校组织了献爱心活动，为希望工程捐款。小敏回到家对爸爸说："爸爸，今天老师给我讲了希望工程的故事，有很多和我一样大的女生因为没钱而上不了学啊！我想拿我的零用钱帮帮他们。"爸爸高兴地说："乖女儿，把你的钱拿去帮助他们吧！"第二天，小敏高兴地对爸爸说："我们班今天捐了四百多元，老师说这些钱可以帮助一个孩子解决一年的学习费用。"

又有一次，小敏和爸爸走在街上，碰到一个乞丐向他们行乞，小敏看到乞丐少了一条腿。于是小敏就跟爸爸说："您看他多可怜啊！要是他有钱，腿就可以好了。"爸爸告诉小敏："小敏，记住咯！这和给希望工程捐款是不一样的。钱虽然可以买很多东西，但在这个世上有很多东西是钱换不来的，比如：青春、生命、健康、时间等等。"小敏好像有些领悟了爸爸的话。

父母要告诉女儿：有钱能买来山珍海味，买不来好胃口；有钱能买来灵丹妙药，买不来健康；有钱能买来闹钟，却买不来时间。太多太多的东西用金钱无法买到。所以父母应该让女儿明白金钱不是万能，生命中有很多比金钱更重要的东西。

总之，父母应该多和女儿沟通，在涉及金钱时，多观察女儿在行为和感情上的一些小举动，如果发现女儿有什么错误的行为，就该加以纠正和教育了。一定不要让自己的女儿成为金钱的奴隶，培养其合理健康的金钱观念，做金钱的主人。

2. 告诉女儿，流行的不一定就是好的

北大女生一直都代表着社会的风尚，她们和流行的风尚一起走在时代的前列，但是他们从不盲目，她们用理性去享受理性带来的美。在今天的社会，追求流行的趋势呈现了低龄化，越来越多的女生成为了盲目追求流行的受害者。如果您的女儿也是这样，比如，跟随某些时尚的潮流，喜欢穿露背装或者肚脐装，喜欢流各种怪异的发型，给头发染另类的颜色。那么，父母一定要对女儿说"NO"，告诉她流行的不一定是好的。

流行的不一定就是好的，这就如同流感一样，照样流行但却是健康的一大敌手。如果女儿盲目地迷上了某种流行，甚至为了追求这种流行而产生过激的行为，做父母就应该提高警惕，注意女儿的行为是否过分，但是在和女儿沟通的过程中一定要注意自己的沟通方式。如果沟通的方式不恰当的话，有可能起到相反的效果。而一个好的沟通方式就可以让女儿从某种过激的举动变为更理智的认识。父母一定要先让自己冷静，以一颗平和的心态来和女儿做沟通，不要一味地教训女儿，也不要放纵自己的女儿。

社会的发展日新月异，现在的女生开始接触到太多太多的新奇事物，媒体广告上也到处充溢着各种各样的新奇资讯，女生受其影响可以说是非常巨大。比如，近几年兴起并迅速发展的网络文化，已经渗透到了生活中的各个角落。而女生受到这种影响又是再正常不过了，作为成年人不是也被网络深深地吸引了么，更何况是一个小女生。对于很多流行，有些父母

跟不上这个时代的步伐，与女儿之间因为缺少共同话题，而产生代沟。女儿埋怨父母不了解自己的想法，父母抱怨女儿的一些行为不符合自己的希望。

女儿有追随流行的行为举止是正常的心理反应，父母不要扼杀女儿的天性。女儿是拥有好奇心的，一般不会有太理智的逻辑辨别力，她们会有很强的效仿性和模仿性。例如，一个女生看见别的女生穿了一件非常漂亮的衣服，于是她也就会想：这衣服要是穿在我身上肯定也好看，多漂亮的衣服啊！我很喜欢。明天我也一定要买件来穿。这就是很正常的跟风心理。做父母的应该清醒地看到女儿的心思，并加以理解。

但是，父母要提醒女儿追逐流行，不能盲目，要有自己的思考，追是为了学习有意义的东西。追逐流行还要有限度。父母要注意培养女儿的自我控制能力，学会约束自己的行为。即使是最喜欢的人或物，也不要把自己的时间和精力都投入在追求流行上。

如今的小女生普遍早熟，社会上的外界资讯又过于泛滥，父母只重成绩不问思想的教育方式，使得原本就缺乏自制能力的小女生在自身的价值取向上，更容易趋向"流行"而不是身心健康。女生不是一部简单的机器，她们的成长处于随时变化中，绝对没有固定的程序可循。社会上很多流行趋势让女生的心理发生了变化，决定了她们的行为。父母对女儿盲目地流行，要及时地制止，否则有可能造成无法弥补的遗憾。

香港系列电影《古惑仔》曾经在内地风靡一时，郑伊健扮演的黑社会老大陈浩南和他们兄弟的生活成为不少少男少女热衷的话题。很多孩子甚至对黑帮社团产生了崇拜、模仿的心理，结果酿成失足之恨。

当女儿行为偏激时，父母应该理智，培养女儿对流行有成熟地认识，知道那些流行对自己有利，那些流行对自己有害。如果父母不及时对女儿进行引导，她有可能越来越放纵自己，而这种放纵的后果是严重的。

妈妈："你看，你听的这些东西，有什么好听的啊！这人唱歌叽里呱啦的，听了半天也没听清唱的啥。"

女儿："妈，你懂什么啊，这叫流行，周杰伦现在可火了，我们同学都喜欢他。"

妈妈："是，我是不懂，行了吧，你就知道追星，有什么好听的，我就没听出来唱得好听。"

女儿："嘿，那是你不关注而已，你啊，早已落伍了咯。"

追星是种流行现象，比如现在喜欢周杰伦的年轻人比比皆是。一样事物流行起来自然有它流行的原因所在。抛开女儿追星的行为不说仅从妈妈与女儿的谈话中可以看出存在着沟通不够的现象。父母自身的狭隘思想，让父母不能够理解女儿的这份追求。如果父母也对女儿喜欢的人或物了解一些的话，或许女儿就愿意和父母讨论了，而且在充分了解的基础上，就能够理解女儿喜欢某项流行的原因，也就不会一味地批评女儿的行为。

所以，父母要和女儿多多沟通，认真倾听女儿的想法、要求、愿望等，第一时间了解女儿的心态。父母与女儿在思想上没有长期的交流和沟通，那就是让女儿独自面对外部环境，而她选择正确的价值取向是很困难的事，也是各位父母不负责任的表现。

而有些盲目地追求流行时尚的行为也是不明智的，比如，在寒冷的冬天，人们经常看到一些女生穿着很少的衣服出门，不管是为了美丽，还是流行，父母都要严厉地制止，以免冻坏了女儿的身体。

总之，父母应该对女儿多加以了解，在看到女儿过于追求流行时尚时，不要全盘否定她的行为，而应当对女儿关注的东西也加以了解，缩小彼此之间存在的代沟，肯定女儿的与众不同，让她学习流行文化中有利的、积极的东西，让女儿真正地领悟到——流行仅只是一种符号，流行的不一定就是好的，适合自己的才是最好的。父母也应该鼓励女儿去追寻那些内心高尚的人物。

3. 女儿，做人不要爱慕虚荣

　　哲学家培根曾说："一切恶行都围绕着虚荣心而产生，且都不过是虚荣心的一种表达方式"。虚荣是一种过分的自尊心，是已经扭曲的自尊心。如果女生有了虚荣之心，就会陷入追求虚表和现实矛盾的性格缺陷中，就会被虚荣的外表所迷惑而丧失真正的自己。北大女生是真实的，她们不会被虚荣所奴役，她们知道爱慕虚荣只会浪费时间，是让精力去追寻空中飘飞的泡影。所以，作为父母一定要告诉女儿，做人不可以爱慕虚荣。

　　每一次到了新学期来临的时候，各大商场的文具柜台也迎来了销售旺季。近百元的精致文具盒、数百元的名牌书包、近千元的电子辞典……这些文具虽然价格不菲，但是却吸引着小女生的目光，她们认为文具非名牌不买，别人有的文具我一样不能少。除了"开学经济"外，这些女生在吃穿上也非常讲究，什么都要最好，决不能比别人差。

　　根据一项抽样调查显示，在现在的独生子女中，约有30%的孩子有爱慕虚荣的"孔雀心态"。"孔雀心理"是一种不健康的心理活动。它的表象是炫耀，攀比，是高高在上的样子，在别人面前刻意表现自己的心理。"孔雀开屏"是很华美壮观的景象，但孔雀多少也有些炫耀有些霸道。女儿一旦出现"孔雀心态"，就喜欢和人攀比、争强好胜、孤芳自赏、自高自大，也常常会有赢得起输不起，受不得一点点委屈的心理。

　　作为父母要警惕爱慕虚荣的心理毒害了自己的女儿，让那些表面的荣耀干扰了女儿的身心健康。那么，父母应该如何帮助女儿有一个正确的人生观、价值观，让爱慕虚荣的心理远离女儿呢？

（1）帮助女儿改变认知，认识到虚荣心带来的危害。"孔雀心理"归根到底也是一种膨胀的虚荣心。爱慕虚荣的女生，在思想上会不自觉地渗入自私、虚伪、嫉妒等性格缺陷中，这与谦虚谨慎、光明磊落、不图虚名等美德形成鲜明的对照。

爱慕虚荣的人只是借用外在的、表面的或他人的荣光来弥补自己内在的、实质的不足，以赢得他人和社会的注意、尊重和肯定。法国哲学家柏格森曾经这样说过："虚荣心很难说是一种恶行，然而一切恶行都围绕虚荣心而生，都不过是满足虚荣心的手段。"父母要告诉女儿一个真正强大的人是他强大的内心，而不是一个外表。如果女生有了爱慕虚荣的心理，她的苦难也将就此开始。

1984年2月14日，张倩出生在辽宁省鞍山市千山区一户工人家庭。张倩的父亲是个球迷，受父亲影响，张倩从小就特别喜欢足球。熟悉她的人都说她是个"超级球迷"，为了看球甚至离家出走过。

2001年2月，17岁的张倩进入鞍山市邮政局储汇分局某所，当上了一名合同制的储蓄员。工作以后的张倩对足球的热情依然不减，她做梦都希望有机会能到现场看一场真正的球赛。可她很快就意识到，实地看一场球，来去的车费、门票和各种开销加起来可是个不小的数目。不仅如此，张倩还是个特别好面子的人。在朋友圈中，张倩有个著名的"理论"：要看球，就要风风光光地去，买位置最好的票，住豪华宾馆，要不就不是"超级球迷！"然而，凭张倩这微薄的工资是不可能实现她风风光光看球的梦想。

后来张倩发现工作中有漏洞可以钻，让张倩尝到了不少甜头，她甚至在想：我为什么不能从单位拿些钱去看球呢？于是张倩开始把眼睛盯上了单位的备用金。

当时正值全国足球甲A联赛进行得如火如荼，张倩拿着从单位偷来的钱想着足球的快乐。经过几次之后，张倩的胆子越来越大，最终酿成了恶果。

一个花季少女，就这样一味追求虚荣，侵吞公款，最后自食恶果，自毁人生。虚荣之心就像是毒药，它侵蚀着女生的心灵，把她一步步推向绝望的人生。当然，人免不了都有些虚荣心，但如果虚荣心太强，就会出现心理失衡。父母要让女儿学会自我反省，看看自己是不是已脱离现实，以至于自我膨胀，不要用表面的浮华来打造自己在他人眼中的美好形象。

（2）不要过分苛求自己完美。如果女儿只是流于生活层面上的虚荣，父母可以很快察觉，但如果女儿的虚荣是隐性的，父母就要多花些心思，观察女儿的行为。

周末，刘女士带女儿到公园玩，正好遇到同事也带孩子出来玩。于是两家合一家，开始的时候其乐融融。只是不一会儿，两个孩子就闹起了矛盾，原来两个孩子都在大人面前表演自己的拿手节目，刘女士顺口夸同事的孩子："你家孩子学过舞蹈吧！跳得真好！女儿，你想不想学舞蹈呢？"，女儿听到这话马上就不高兴了，要求回家不玩了，到最后竟哭闹起来，弄得刘女士十分尴尬。

由于小女生的自我认识能力差，所以很难客观评价自己。从幼儿时期开始，女儿就是在父母的关爱和夸耀中长大，所以女儿会把注意力过多地集中在自己身上，并十分坚定地相信自己就是最聪明和最完美的女生，认为自己什么都比别人强。父母需要注意这种现象，如果不能加以正确引导，会对女儿造成不良的影响，甚至会形成自私、自恋、嫉妒的性格特征，给女儿以后的生活留下阴影。

父母应该教育女儿客观地评价自己。人不可能是完美的。如果对自己事事要求完美，近乎吹毛求疵的地步，这无异于自寻烦恼，结果受害者还是自己。如果自己有什么不足之处，应该努力改正，而不是想办法遮遮掩掩，回避问题。你越是努力掩饰自己的缺点，维护自己在他人面前的完美形象，越说明你是一个虚荣的人。

另外，女生越是虚荣，越会限制自己的行为，因为怕做错事情让自己丢了面子。比如，课堂上回答问题，如果她回答错了，她就会担心自己被同学和老师嘲笑。为了维护自己的面子，这样性格的女生往往会选择逃避，同时也失去了锻炼自己的机会。试想，这样的女生长大以后能有所成就吗？

父母要教育女儿，人的魅力不是来自于表象上的荣耀，而在于拥有比较远大的理想和精神追求，同时要有丰富多彩的高雅生活情趣和适当的学习安排来充实自己。面对纷纷扰扰的世界，父母要帮助女儿保持清醒的头脑，摆脱从众心理的负面效应，形成独立的人格，做生活中的自我，做心态平和的自我。

最后提醒父母们：问题孩子的背后一定是父母教育方法的不当。女儿的很多不良行为离不开父母的错误行为和观念的影响。父母要想让女儿谦虚谨慎、脚踏实地地生活，就要先从自己做起，让爱慕虚荣不再成为女儿成长路上的绊脚石。

第十五堂课

良好的社交能力，让女孩如鱼得水

在女生成长过程中，社交能力是一项非常重要的能力。生活中有一些女生不善于与他人交谈，更不会与他人交流。当她们与他人说话时，不好意思与对方目光相接，甚至满脸通红。这些"小毛病"的存在，其实就是女儿社交能力不强的一种表现。如果女儿没有良好的社交能力，在她长大之后，就会很难适应日益社会化的现实生活。作为父母，就应当有意识地从小培养女儿的社交能力。

1. 允许女儿跟男生一起玩儿

很多父母也许会认为男生就应该和男生玩，女生就应该和女生玩，女生总爱和男生一起玩，肯定会影响女儿的淑女气质，而且年龄大一点的女生也容易出现早恋的倾向。其实，关于该不该让女生和男生一起玩的问题，父母不必太过紧张了。父母应该保持头脑冷静，理智地看待女儿与男生之间的玩伴关系，这才是英明的父母所该做的。

女生和男生一起玩应该说是很正常的事，可有些父母的神经绷得过紧，一听说或看到自己的女儿与男生玩在一起，就会十分紧张，甚至是大发雷霆。很多父母由于保守的教育观念，便开始禁止或限制女儿与男生的正常交往。父母这样做，表面上是为了女儿的前途着想，实际上却阻碍了女儿的身心发展。

如果是自我意识很强的女生，会认为父母的做法不近人情、蛮不讲理。当女儿与父母之间产生了隔阂，两者之间的关系就会变得疏远。而且，这种性格的女生没有得到合理的解释，是不会改变自己的行为，甚至会产生叛逆的行为。如果是性格比较软弱的女生，在父母的强硬态度下，也许不会再与男生一起玩，但阻碍了她了解异性，以及如何与异性交往的能力。而这些都是父母不想看到的结果。

父母要尊重女儿选择的权利，所以请父母允许女儿与男生玩。每一个孩子都有着天生的交往意识和欲望。谁也不希望孤独地长大，女生有和朋友一起玩的权利，而这个朋友当然也可以是异性。如果父母强行将女儿与她的异性玩伴分开，就是在剥夺女儿社会交往的权利，也弱化了女儿的社会交往能力。作为父母应当尊重女儿的社会交往权利。

即使父母非常担心女儿与男生玩会出现一些问题，也应该懂得用平和的方式与女儿进行沟通。比如，父母认为女儿和男生走得太近，非常容易早恋，怕影响女儿的学习，甚至受到伤害。父母的这些担心是很正常的，可是父母清楚女儿是怎么想的吗？也许，您的女儿可以把男女间的正常交往和谈恋爱区别开。父母主观的判断女儿的行为，是不公平的。父母的不理智行为会让女儿与自己的关系陷入僵局。所以，父母要和女儿保持一个愉悦的沟通，相信自己的女儿有自己的判断力。父母一味训斥，只会成为激化问题的导火线。

"妈妈，我走了，我们要一起去过自由的生活，在这个家里，我活得太累了……"看到女儿小可留下的字条，妈妈差点瘫倒在地，刚满16岁的女儿竟离家出走了。

小可长得很漂亮，性格活泼开朗，而且多才多艺，非常讨人喜欢。自从妈妈看到小可和一个男生一起玩之后，妈妈就开始担心小可。为了能够让女儿把精力都花在学习上，父母开始对小可"严加管教"：不许她随便和男生来往，每天放学必须按时回家，超过5分钟必须说明去向；接到男生打来的电话，也要盘问半天。小可对父母的行为十分不满，并且多次提出"抗议"，可是父母根本听不进去，总是对小可说："这是为你好，你是女孩子，爸妈是保护你……"

小可原先是学校球队的拉拉队队长，父母跑到学校帮女儿辞了职。球队的一群男孩子邀请小可和另一个女生去郊游，得知情况后，妈妈坚决阻止。小可哭闹了一晚，也没有得到父母的同意。一系列的事情，让小可开始和父母冷战。

渐渐地，小可的父母发现女儿变了，不再像过去那样活泼开朗，与自己的关系也疏远了。有一次，班主任竟然告诉小可的父母说："小可逃课，偷跑出去玩儿，常常和一些男生在一起。"父母担心得要命，多次严管，可是管得越紧，小可越叛逆，最后发展为夜不归宿，成绩也是一落千丈。小可的爸爸气愤之下，口不择言，骂女儿是"坏坯子"，一次次动手

打女儿，希望能震住她。可是一切都没有用，她看大人的眼睛里，竟多了一丝仇视，令父母心寒。

小可真像她爸爸说的那样是"坏坯子"吗？当然不是。小可的父母希望通过严厉的管教就能让小可回到从前，可事实情况并不会朝着小可父母希望的那样发展。女儿是愿意听好话的，父母如果不了解实际情况，就随便说女儿的不好，她会觉得父母很专横——在不了解自己的情况下，为什么要妄加评论。有很多和小可的父母一样的家长，他们不懂得和女儿沟通，也不去了解女儿的真实想法，教育女儿的方法只有一招，就是"严加管教"，最后的结果是女儿的心和父母越来越远，甚至女儿变得叛逆，对大人也起了仇视之心，真的成为父母口中的"坏坯子"。这是做父母的失败。

像小可这个年龄段的女生也正处于敏感的情感阶段，所以父母应该理解女儿的行为，交些异性朋友没什么不好。如果当女儿长大了，还不知道该如何与男生说话、也不知道该如何与男生相处，那才是危险的呢！尤其是现在很多女生都是独生女，而且现实生活中人与人的直接交往变得越来越少，甚至是连对门的邻居都互不相识。在这种环境中长大的女生，更加缺少与他人交往的机会。如果再限制女儿与男生的正常交往，她们的社交能力也更加难以得到有效的锻炼。

事实上，让女儿与男生一起玩，会学到好多的东西。在女生与男生玩耍的时候，由于男生天性要比女生勇敢坚强，所以他们喜欢尝试挑战与冒险，而女生可以在一旁感受到男生身上的这种精神，帮助自己树立坚韧的品质。另外，女生在和男生接触的过程中，更加了解男生，在以后与异性的交往中也能变得更加有分寸。

总体说来，父母应该多与女儿沟通，多倾听女儿内心的真实想法，并以一颗平和的心态给女儿以合理的建议，不要不分青红皂白地埋怨她，埋怨只会适得其反。允许女儿和男生玩，她不仅会学到与男生相处的方式，也会学到男生身上的好多优点。这对女儿的交际能力会产生更有利的影响，她们的人生也将变得更加的精彩。

2. 有意识地锻炼女儿的口才

　　口才是一个人成功不可或缺的素质。在北大女生成长的过程中，父母都很重视对女儿口才的锻炼和交际能力的培养。作为父母，在平时的日常生活中要多为女儿创造口才表达的条件和环境。作为女儿第一任教师的父母应该在家庭教育中有意识地培养她的口才，让她变得能说会道。

　　口才是人的说话能力，驾驭语言的能力。良好的口才也是一个人多种素质的综合体现。口才是一个人智慧的反映，也是一个人随身携带永不过时的能力。在社会快速发展的今天，口才有时候决定着一个人的成败。所以，父母培养女儿的语言能力，加强口才训练已经刻不容缓。

　　幼儿期是人生语言发展的最佳时期，因为大脑皮质中支配语言的神经组织已经逐渐发育成熟，是女儿口头语言发育的最佳年龄。父母有意识地对女儿的语言能力进行训练，对日后她的语言表达，即口才的"天资"有很大的促进作用。父母要希望女儿能有好口才，就要从小培养女儿的语言能力。

　　很多父母深知口才对于女儿成才的重要，但如何对女儿进行成功的语言教育，则是摆在他们面前的一个棘手的问题。语言环境对女儿语言能力的发展也起着极为重要的作用，语言环境父母是可以为女儿营造的。聪明的父母总是会为女儿营造一种宽松愉悦的语言环境，使女儿生活在浓浓的爱的氛围中，这样她才会乐于与人交往，从而锻炼出能说会道的好口才。

口才不等同于说话。人可以说很多话，但只有那些能够清楚地表达自己的意思，说话有条理，而且能抓住重点的语言才可以算是口才。父母培养女儿的口才，除了一个宽松愉悦的语言环境，还要配合上看、听、说、练四个方面。

看

"看"是女儿对这个世界获得认知的第一途径。女儿通过看了解了周围的事物，培养自己的观察力，为发展其他方面的能力做好了准备。"看"也是女儿锻炼口才的第一步，父母不要忽视"看"的重要性。

在教育女儿的过程中，要有计划地带女儿直接观察，给她创造条件，采用直观形象的方法，引起她学习的兴趣。比如，在给女儿讲四季的故事之前，先告诉他："四季交替，大树、天气、人、花、草、小动物等，都有一些变化，看到这些变化，就知道什么季节来了。父母要带着女儿去找一找，看一看，什么样的季节，大自然会有些什么变化，再讲给父母听。"女儿经过仔细地观察、查找后，父母再问她："除了故事里的大树、小草、小动物的变化外，还怎么判断到了什么季节？"女儿根据自己观察判断的内容，亲身体会，会为父母讲出自己的新发现。如果女儿找到的不多，父母也可在旁做些提示。

除了观察自然界，父母可以为女儿准备一些《看图说话》的儿童读物。他们是女儿的精神食粮，是女儿喜爱看的事物之一。《看图说话》中的形象生动可爱、色彩鲜明美丽，深受女生的喜爱，是父母可以好好利用的教学工具。

父母如果想发挥这些图书的作用，那么就需要做些具体指导。有的父母知道这些书对女儿的成长有益，于是买了很多本，但是自己从来不参与到女儿的读书中。如果女儿不理解书中故事的意思，也就不能收到良好的效果。比如，女儿在看《小猫钓鱼》之后，父母可以问她："小猫为什么钓不上来鱼呢？"女儿的理解能力虽然不强，不能把故事反映出的哲理表述出来，但可以根据画中的内容复述故事，既丰富了她的知识，又发展了她的语言表达能力。

听

女儿会"听"，才会"说"。培养女儿注意倾听，这是发展她表达能力的先决条件。女儿学习语言，要从会听，听得准确、听得懂开始，做足了"听"的功课，才有条件正确地模仿着说。为孩子创造"听"的环境，可以是多种多样的。父母为女儿读故事是个好方法。没有哪个女生不喜欢听故事。另外口才是女儿的思想的流露。要培养女儿的口才，需要丰富女儿的思想，增加女儿的阅读量。因为女儿识字不多，所以父母要把故事读给她们听。能提高女儿的语言表达能力、思想境界和知识积累。

除了为女儿读故事，父母还可以陪女儿聊天，互相倾听或交谈。培养女儿良好的倾听习惯，要求他会听，听得懂，并且能够认真倾听，不打断别人的谈话，除了锻炼其语言的基本能力之外，也教他养成了讲礼貌的好习惯。

说

为了发展女儿的表达能力，必须让女儿多多说话。父母要给女儿创造说的环境，在说话中锻炼表达能力。父母在日常生活中，应利用与女儿接触的一切时机，进行交谈，在交谈中建立感情，使她无拘无束，愿意将自己的心里话和父母说。这对女儿的语言能力，对事物的正确态度都有积极的作用。在亲子交流的过程中，父母要注意自己的言行，比如，自己的话说得太多，或者任意打断女儿的讲话。这些行为不仅影响了女儿说话的积极性，也有可能伤害到女儿的自尊心。女儿说错了没关系，重要的是，一定要给她表达自己思想和态度的机会。女儿学习语言是靠"听"和听后所

模仿的"说"来进行的。因此，父母要给女儿创设一个"说"的环境，让她练习说，学习说。

练

发展女儿语言表达能力，主要是培养他正确的发音、丰富他的词汇并能正确运用，教会他按照汉语语法规则讲话。这些说的能力，都得在语言实践中学习、掌握的。越不说话，锻炼机会越少，锻炼机会越少，越不会说。这就要让女儿多练习，重复地练习，逐步掌握。给女儿提供多练习的机会，创造练习的环境。在女儿练习说话时，父母别忘了多多鼓励她。比如"女儿，刚才说的话很有趣、很生动，你能不能再多讲一点？"女儿在说话时，孩子发音不准、用词不当、语言结构混乱等，父母注意及时纠正，并让她反复说两遍，她也就渐渐地学会正确的表达方式了。父母从小让女儿规范地使用语言，为将来的口语表达奠定基础。

女儿毕竟是孩子，她良好口才的形成需要一个漫长而曲折的过程。在这期间，需要父母的引导和帮助。父母要重视自己的言谈，又要给女儿一个广阔的思考空间和自由表达的权利。能说会道的女生不是天生，而是后天培养的。父母要相信有志者事竟成。

𝒮. 真诚的女孩才能交到真朋友

真诚是一切美德的基础，是美好心灵的象征，是人生成功的动力，真诚做人，内不欺己、外不欺人，真实诚恳，言行一致，没有虚假，实事求是，是做人的美德。真诚做人是一种与人相处的原则。朋友之间的友谊是靠彼此之间的信任和宽容做纽带来维持的，光靠花言巧语是交不到真正朋友的。北大女生应该是真诚的，因为只有真诚，才能结交到真正的朋友，才会赢得真正的友情。

真挚的友情是人们最值得珍重的情感之一。唐代诗人王勃曾写下了"海内存知己，天涯若比邻"的诗句，李白也用"桃花潭水深千尺，不及汪伦送我情"这样的诗句诠释了友情的贵重。朋友可以是人们最宝贵的财富，朋友之间的情谊是亲密的、宝贵的、美好的。

父母要从小告诉女儿真朋友对自己的重要，并且得到真朋友需要自己付出真诚的心。人的一生很短暂，除了有一个爱自己的人，还需要朋友。朋友不一定要多，有几个可以懂自己的知己那就是最幸福的事情了。

父母要告诉女儿：叫一声朋友不容易。人们只有用真诚的心，才能够交到真正的朋友，而且用真诚的心去对待彼此之间的友情，它才会经久不衰，才会随时间的变迁历久弥新，就像一坛经得起岁月沉淀的老酒，越品越香。父母要先告诉女儿怎么样才算对朋友真诚。比如，当朋友偶尔任性的时候，女儿可以纵容他；当朋友有些骄傲的时候，女儿要给他敲响警钟；当朋友失落的时候，女儿应该鼓励和支持他。

父母要让女儿明白生活是复杂的，有时候人们明白一个道理需要一段时间。比如朋友因眼前的成绩而骄傲，女儿善意的提醒可能暂时不被对方理解，但真诚是经得起时间考验的，对方最终会明白你是他的真朋友。当对方认定你是他的真朋友，他对你也将是真诚的。所以当你遇到一些挫折时，谁都会像你对他一样来帮助你。

对待朋友真诚还表现在对朋友的过错表示宽容和理解。父母要告诉女儿，不要对朋友太过苛刻，谁都会犯错误，只要他不是故意伤害你，你的朋友就不是背叛你，你依然可以用真诚的心来对待他。如果女儿对这个道理不能理解，那就给她讲个真实的故事：

恩格斯和马克思因为共同的信仰很快成为朋友。当时，马克思过着非常窘迫的生活，常常靠典当维持一家的生活，有时竟然连买邮票的钱都没有。恩格斯了解到马克思的境况后，为了帮助马克思摆脱困境，支持他的研究工作和革命活动，宁愿经营自己十分厌恶的商业，然后把挣来的钱源源不断地寄给马克思。恩格斯不但在生活上帮助马克思，在事业上，他也给予马克思最大的帮助。比如：马克思答应给一家英文报纸写通讯稿，但是他还没有精通英文，于是恩格斯就帮他翻译，必要时甚至替他完成。

1863年1月7日，恩格斯的妻子玛丽·白恩士因患心脏病突然离开人世。恩格斯感到十分悲痛，他把自己心情全部写入信中寄给了马克思，希望老朋友能够安慰他。他在信中说："我无法向你说出我现在的心情，这个可怜的姑娘是以她的整个心灵爱着我的。"第二天，恩格斯收到了马克思写给他的回信。马克思在信中对玛丽的去世只说了一句平淡的慰问的话，却不合时宜地向恩格斯诉说了一大堆自己的困境。比如他们的粮食快吃光了，肉商、面包商即将停止赊账给他，房租和孩子的学费又逼得他喘不过气来，他的孩子上街没有鞋子和衣服可以穿，"一句话，魔鬼找上门了……"生活的困境折磨着马克思，使他忘却了、忽略了对恩格斯不幸的关心。当正处于极度悲痛中的恩格斯，收到这封回信时，不禁对马克思有点生气了。

从前，他们之间常常隔一、两天就通信一次，但由于这次马克思的疏忽，一直隔了5天，也就是1月13日，恩格斯才给马克思回信，并在信中毫不掩饰地表达了自己对他的不满："自然明白，这次我自己的不幸和你对此的冷冰冰的态度，使我完全不可能早些给你回信。我的一切朋友，包括相识的庸人在内，在这种使我极其悲痛的时刻对我表示的同情和友谊，都超出了我的预料。而你却认为这个时刻正是表现你那冷静的思维方式的卓越性的时机。那就听便吧！"

过错已经发生，马克思与恩格斯的友谊经历着考验。这时，马克思看到恩格斯对自己的指责，并没有忙于为自己辩护，他已经认识到自己犯了一个错误。在10天以后，当两个人都平静下来的时候，马克思写信向恩格斯真诚地道歉。恩格斯出于对朋友的了解和信赖，在收到这封信后，立即谅解了马克思的错误。1月26日，在他给马克思的信中说："对你的坦率，我表示感谢。你自己也明白，前次的来信给我造成了怎样的印象。……我接到你的信时，她还没有下葬。应该告诉你这封信在整整一个星期里始终在我的脑际盘旋，没法把它忘掉。不过不要紧，你最近的这封信已经把前一封信所留下的印象消除了，而且我感到高兴的是，我没有在失去玛丽的同时再失去自己最老的和最好的朋友。"恩格斯向马克思说出了自己的真实想法，随信还寄去一张100英镑的支票。他们的友谊也没有受到任何影响。

谁也不会怀疑恩格斯与马克思之间的真诚，他们的友谊也被人们称颂。恩格斯不会因为马克思犯了一次错误就把全部的友谊否决、割袍断意老死而不相往来。父母要告诉女儿，朋友也有糊涂的时候，你要忍一忍，待风平浪静、雨过天晴后，感情自然会升温的。而且女儿的真诚会让朋友早些醒悟，会更加珍惜彼此之间的友情。

"投之以木桃，抱之以琼浆"，唯有真诚的心才能拥有朋友的真诚的

情。友情的路上有时也会充满坎坷，会出现危机，而这时我们要以真诚的信任去化解，去包容，只有这样友情的花朵才能越开越艳。失去一个朋友很容易，但是得到一个朋友很难，得到一个真诚相待的朋友就更难了。如果你是个聪明人，在一个很简单的加减法上轻易地就会得出你想要的结果。

著名作家巴金先生曾经这样写到："友情在我过去的生活里就像一盏明灯，照亮了我的灵魂"。人们的生活中需要真朋友，而交到真朋友的前提就是先让自己付出真诚的心。友情是美好的，女儿有了朋友相伴的路就会充满快乐充满信心和力量，而朋友的交往要始终达到和谐友好的境界，必须以真诚为前提。一个真诚的女生的心声，会唤起其他真诚人的共鸣。父母要让女儿学会用一颗真诚的心去对待她生命中的朋友。女儿有了真诚的交友态度，才会用真诚地去播种，热情去浇灌，原则去栽培，谅解去呵护，这样朋友才会对女儿不离不弃。

第十六堂课

让女儿明白，不是自己出身不好

　　北大女生中有很多都来自于普通的家庭，甚至有些女生的家境十分的贫寒，但是她们并没有因为家庭的出身而怨恨命运的不公。因为她们知道虽然不能选择自己的出身，但是她们可以用努力与奋斗去选择自己的人生道路。作为父母应该告诉女儿，你虽然出生在一个平凡的家庭，没有人脉、金钱帮助你获得成功的人生，但只要你不放弃自己，仍然可以把命运紧紧地握在自己的手中，谁也不靠，就靠自己。人生就像一场牌局，不是要抓一手好牌，而是要把手中的烂牌打好。

1. "女儿，不要信命，你才是自己的救星"

女儿出身不好，不代表就会一生平庸。北大女生是坚强的、无畏的，她们从不相信上天，她们只相信自己，相信命运把握在自己手中。因为在这个世界上，最能让你依靠的人是你自己。在大多数情况下，能拯救你的人，也只能是你自己，自己才是让自己走出困境的救星。作为父母一定要培养女儿坚忍的意志，告诉女儿在漫漫人生路上能帮她的只有她自己。

人生在世，总要或多或少地依靠于自身以外的各种帮助，比如父母的养育、师长的教诲、朋友的关爱、社会的鼓励等等。可以说，女儿从呱呱坠地那一刻起，就已开始接受他人给予的种种帮助。然而，当代一部分女生，由于一直是在父母的严密庇护下生活，加之家庭的溺爱，教育方式的种种缺陷，让她们自小养成了非常严重的依赖心理，已经远远超出和大大脱离了一个人需要外部力量帮助这种正常范围。

在日常生活、学习中，这样的女生稍稍遇到一点儿困难，首先想到的不是依靠自己的力量克服困难，而是求助于别人，把自己立身于社会的希望完全寄托在父母和朋友的身上。长此以往，降低了她的生活适应能力，弱化了她的心理素质。对女生将来的生活、事业是极其不利的。在生命的旅程中，女生难免会陷入各种危机中，而要想摆脱这些危机，要学会靠自己拯救自己。女生能够有这样的意识，不是天生就有的，需要通过后天的教育才能形成。

（1）力所能及的事，让女儿自己去做。

女儿到了一岁左右，一般就有了独立的愿望。她能够分清自我与外界，认识到自己的独立存在，想试着完成一些事情。比如，女儿吃饭的时候，喜欢拿手去抓食物。如果女儿已经学会说话，她会明确地表达自己的要求。比如，"我的"、"我要"。这些都说明了女儿在认识的发展上进入了认识自我的时期。

当女儿独立性增强后，会表现出很希望做成人做的事情。这时候父母就让她学着为自己服务。比如：穿脱衣服、系鞋带、自己吃饭、漱洗等。开始的时候女儿会觉得有些困难，甚至是想放弃，父母就教给她操作方法，并给她提供必要的帮助。以后则让她自己做，而决不找任何理由包办代替。让女儿一点一点地学习，多练几次就能够学会。关键是坚持下去，持之以恒。要让女儿明白一个道理：自己的事情就要自己去完成，不要依赖于别人的帮助。

（2）让女儿自己去面对困难，父母做一位旁观者。

父母要把那些原本就该让女儿承受的困难与挫折留给女儿，让女儿在挫折下得到锤炼，让她从小就知道人生的旅程并非都是铺满鲜花的坦途，时时会与不如意相伴。面对困难，只有战胜它，绕是绕不过去的。比如，女儿在玩耍当中免不了会磕磕碰碰，父母要鼓励女儿坚强，不要只会哭鼻子。在哪里摔倒了，就从哪里爬起来。可是，有些父母看到女儿被椅子绊倒，为了安慰女儿就说："都是这椅子不好，妈妈打它，为你出气！"这种教育方式是为女儿自己不小心而受到的伤害找借口，对女儿的成长没有起到积极的意义。在女儿成长的过程中，肯定会碰到困难，父母可以帮她出主意，但解决问题的方法还得由女儿自己决定，让她在体验成功的同时，增强自信心。

（3）鼓励女儿去参与竞争，有争取才会有收获。

父母要培养女儿具有竞争意识，想要什么要靠自己的争取，而不是

别人的施舍。如果女儿的学校组织了一些比赛，父母可以鼓励她积极地参与。女儿通过竞争不仅可以培养她的独立自主意识、坚强的意志、敢想、敢说、敢干，勇于创新以及勇于迎接挑战的精神，鼓励女儿体验生活，体验竞争。

竞争意识虽然对女儿的成长很重要，但父母在鼓励女儿参与竞争的同时也要帮助她树立正确的竞争意识。告诉女儿所谓的竞争不仅是和他人相比，而且还要和过去的自己相比。女儿要对自己有一个客观的认识，既要看到自己的不足，也要看到自己的进步。只要对自己还有信心，面对任何困难和挫折，女儿都不会低头，不会失去信心，并且能摆正自己的位置，在人生的道路上继续努力。

（4）让女儿学会自己鼓励自己。

父母要为女儿取得的成绩而感到骄傲，并且把自己的想法告诉给她。用父母对女儿的肯定，来带动女儿内心的动力前进。父母让女儿试着和自己说话，其实就是一个自我分析，自我总结的过程。父母告诉女儿，当她感觉疲倦、烦躁、懒惰的时候，就自己对自己说话："坚持一下，我知道你一定行！"告诉女儿，当她已经尽了自己的努力，不管最后的结果怎样，她都应该在心里赞赏自己："我知道你已经做了你应该做的，而且做得不错。我知道你下次会做得更好。"当然，让女儿做到从内心承认自己，在失落时善于鼓励自己不是一朝一夕可以做到的，还需要父母的耐心帮助。

总之，父母要告诉女儿：不要总是依赖他人，把一切希望都寄托在他人身上，而要依靠自己解决问题，因为他人只能帮自己一时，却帮不了一世。自己的命运要靠自己来改变。靠人不如靠自己，最能依靠的人只能是你自己，自己才是自己的救星。

2. 让女儿了解父母的辛苦

"可怜天下父母心"，在父母为女儿的成长投入满腔心血的时候，又有多少女儿能够理解父母为她付出的辛劳与汗水。北大女生应该深刻地明白、体会到父母为抚养自己而经受的辛劳，理解父母对女儿的无私的爱，使他们拥有一颗感恩的心，从内心深处去尊敬、孝顺自己的父母、长辈。

爱女儿是父母的责任、义务，但同时女儿也应该了解父母为她所做的一切，让她了解父母养育她付出的辛苦劳动。女儿应该懂得感恩，感谢父母对她的养育之恩，应该对父母有所回报。只有这样女生才会体会到"滴水之恩当涌泉相报"的道理。

要想让女儿对父母有感恩的心，就要让女儿知道父母有多辛苦。现在很多女生都不知道父母的工作情况，不知道父母的钱是怎样得来的，只知道向父母要钱买这买那，把自己打扮得花枝招展，来满足自己的虚荣心。

一天，李女生带着正上初中的女儿逛商店，女儿嚷着要买块手表，李女士拒绝了女儿的要求。当走到卖服装的柜台，女儿又看到了今年的新款夏装，李女士看了看标价，觉得太贵了，还是没答应女儿的要求。顿时，女儿一脸的不悦，责问道："难道咱家真的那么穷吗？"

其实，像李女士遇到的问题，很多家长都深有体会。很多父母都认为持家过日子是父母应该操心的事情，女儿不需要管这些。甚至有的父母宁愿苦了自己，也要给女儿最好的东西，怕女儿受委屈，怕女儿丢面子。久

而久之，在女儿的眼里，父母持家过日子是理所当然的事，从而滋生依赖思想。父母应该主动和女儿聊天，有意识地把自己在外工作和收入的情况告诉她，说得越具体越好，从而让她知道家中的经济状况，明白父母的钱来得不易。女儿会逐渐珍惜自己的生活，也会从心底里产生对父母的感激和敬重。

对父母了解不多的女儿，常常不会去主动思考父母的钱挣得多么的不容易，甚至在她们看来，父母给女儿吃好、穿好、用好是天经地义的。这样的女生怎么会从心底里孝敬父母呢？为此，父母应当有意识地把自己的辛苦展露给女儿，让女儿体会到父母为了她所付出的一切。自然，女儿会从心底里产生对父母的感激和敬重。

要从小事入手训练培养女儿孝敬父母的行为习惯。父母要为女儿提一些要求：让女儿记住自己的生日、爱好、健康状况等信息。平时的生活中父母可以让女儿分担父母忧虑，参与家务劳动，自己的事情自己做，尽量不给父母添乱。把要求变为习惯不是短时间可以达到的目标，但把这些要求渗透到女儿的生活中，不久的将来女儿就能站在父母的立场理解父母了。比如，在家中设下长幼有序的家规，晚辈回家后要向长辈问好，外出时也要和长辈打招呼。父母要让女儿明白自己与父母的关系，知道父母是长者、是家庭生活的主事人，而不能颠倒主次，任自己在家庭里逞强胡闹。

父母要根据女儿的年龄、能力、学习情况合理分配，具体指导，耐心训练，热情鼓励。这样不但有利于女儿养成家务劳动的习惯，也有利于女儿增强"我是家中一份子，我也能做很多事的观念。"

父母也要在女儿心中树立孝敬长辈的形象。上梁不正，下梁歪。父母要想让女儿能够体谅自己的辛苦，自己就要做到体谅自己的父母。如果父母本人就不是孝敬父母的好家长，女儿必然有样学样，变得自私自利。所以，无论平时工作多么的忙，父母都应该抽出些时间到自己的父母身旁尽孝。比如，帮老人做些家务，同老人共聚同乐，尽一份子女应尽的责任和义务。如此天长日久，女儿耳濡目染，潜移默化，也会逐渐明白父母这样做的意义何在，她也会养成尊敬长辈、孝敬父母的好习惯。

父母要多给女儿体验的机会。让女儿明白父母的辛苦，最简单的方法就是体验。比如，吃饭时女儿帮助妈妈摆好碗筷。在劳动的过程中让他体会到任何事情都不是轻易做到的，必须付出努力，并让孩子理解父母对她的期望及为此所做的一切。

除了参与家务劳动能够让女儿体验父母的辛苦，父母可以借鉴一下一些幼儿园的教育方法。这个方法是这样的：

老师要求每一位小朋友从家中带一只鸡蛋，不论用什么方法，要保证鸡蛋在一天之内不碎。一开始有的小朋友不以为然，一下课就把鸡蛋放在课桌中，自顾自去玩了，谁料到课桌被好动的同学撞了一下，鸡蛋就碎了；还有的小朋友就一直把鸡蛋捧在手里，但也免不了疏忽大意，没有握住鸡蛋，掉在地上摔了。看到一些小朋友失败后，其他的小朋友都学乖了，采取了一些保护措施：有的小朋友把鸡蛋放在泡沫塑料里；有的小朋友把鸡蛋放在布袋里，挂在胸前。到下午放学的时候，老师检查小朋友的作业完成情况。当为数不多的小朋友把完整的鸡蛋交给老师时，都不由自主地长嘘了一口气。老师趁此引导小朋友："你们保护一只鸡蛋才一天，就觉得累了，爸爸妈妈保护你们长大成人，所付出的精力和耐心，就可想而知了。"

父母是否从上面的例子中，学到了一些巧妙的方法。老师可以给小朋友留作业，父母也可以这么做呀！把教学场景从学校变为家庭，但仍不会影响教学目标。让女儿在一种游戏的过程中，体会父母养育女儿的辛苦。父母还可以让女儿养一些小的动植物。父母告诉她养的方法，在一旁指导女儿的行为，但具体的行为父母不要管。

父母应该让女儿知道生活中有很多艰辛，父母把她养大要付出很多辛苦。能够理解父母辛苦的女生，才不会依赖父母，知道做人应该自强自立，既是为了报答父母的养育之恩，也是为了自己的将来着想。

8. 让女儿知道：一勤天下无难事

　　勤奋是北大女生必须具备的条件，它是获取知识、克服困境、走向成功的必经之路。大多数家庭都是普通的、平凡的，有的甚至过着艰苦的生活。他们没有权势，也没有积攒下财富，但那又如何！世界上很多伟大的人物都出自于普通家庭，因为普通家庭的艰苦生活让他们懂得更加勤奋，为了达到自己的人生目标他们可以付出比他人更多汗水。父母们不要为自己没拥有的而遗憾，你可以给女儿一个世界上最宝贵的财富——勤奋。

　　文学家说，勤奋是打开文学殿堂之门的一把钥匙；科学家说勤奋能使人聪明；而政治家说勤奋是实现理想的基石。总之，勤奋是通向成功的阶梯，它会将理想变成现实。自古以来，多少仁人志士，因为勤学而成材，并留下许多千古的佳话。父母多给女儿讲一些名人故事，让她知道"一勤天下无难事"。

　　齐白石幼年就热爱学习，但是因为家里需要劳动力，才读了一年就停止上学，帮助父亲放牛，砍柴。但他在劳动之余，仍然坚持画画。他因为家境贫寒，只能把旧簿上的纸裁下来作为画画和写字的用纸。他放牛的守候，总是把书本挂在牛角上，一边放牛，一边读书。

　　当齐白石12岁的时候，他的父亲送他到叔祖父木匠齐满家里去当学徒。15岁以后，才转学雕花木工，雕刻家具上的精细花纹。这时他白天做工，晚间就用松火照明学画。

　　齐白石学了12年木工，也练了12年画，开始找花样，临摹芥子园画谱，并学习实物写生，直到27岁的时候，他才认识了当地有名的文人和画师胡沁园、陈之蕃两先生。并经常向他们请教。从此，他就走上了绘画的艺术道路。

　　爱因斯坦曾经说过："在天才与勤奋之间，我毫不迟疑地选择勤奋，她几乎是世界上一切成就的催产婆。"勤奋和成功在一起。一个勤奋的人，他能够取得的成就必然比其他人要多。因此，父母要注重培养女儿勤奋的习惯。

　　那么如何让女儿变得勤奋呢？

　　（1）严格要求女儿，克服懒惰的毛病。懒惰是一种心理上的厌倦情绪。女儿有了惰性的行为，就会浑浑噩噩，寄希望于明日，总是幻想未来的美好，却不肯付出努力，得过且过，日复一日。如今大多数女生都是独生女，从小什么事情都要靠父母，没有主见，缺少独立性，有严重的依赖性。这种女生在家靠父母，在学校靠老师，在社会上靠别人的结果，必然导致懒惰产生。

　　父母应该对女儿严格要求，包括女儿的学习和生活等方面，当然以不压制女儿的个性为前提。父母要为女儿制定严格的作息制度。让女儿养成每天清早按时起床和外出锻炼的好习惯，改掉赖床不起、睡懒觉的恶习。要求女儿做事不要拖拖拉拉，计划做什么事情，就要立刻执行。

　　学习对女儿也很重要。懒惰的人是不可能取得优异的成绩。父母和女儿一起制订学习计划，改掉"明日复明日"的思想。所有各科作业都严格按老师规定的时间保质保量地完成，逐步养成不完成作业不睡觉的习惯。在完成了今天的作业后，父母可以陪着女儿一起预习明天的课程。在复习和作业之外，挤出一些时间预习，逐渐改变女儿学习落后的状况。

　　（2）告诉女儿"劳动最光荣"。很多女生有懒惰的毛病，都是家庭教育缺失造成的。从客观上说，父母的过分溺爱，是造成女儿懒惰的直接

原因。父母对女儿的过分娇纵，大包大揽，只会使女儿从小养成"衣来伸手、饭来张口"的坏习惯。父母疼爱自己的女儿，天经地义，但是过分地疼爱也是一种错误。父母辛苦地为女儿承担一切事情，结果不但使女儿失去了对劳动的兴趣，并且会习惯于别人为自己忙碌，自己心安理得的什么事情都不愿干，就这样形成了惰性。

父母要帮助女儿树立"劳动最光荣"的观念。在家中父母应该让女儿干一些力所能及的事情，比如，帮助父母倒垃圾、洗自己的袜子。让女儿参加家务劳动，尤其是在双休日不要过得浑浑噩噩。

（3）"延迟满足"给女儿一点挫折感，激发她的上进心。许多父母总是让女儿处于一种"即时满足"的状态。在心理上认为女儿小，现在生活优越，女儿有需要就要满足她。父母有这样的想法，就忽略了经常的即时满足对女儿是无益的，容易让女儿缺少上进心。

缺少上进心的女生，不会去主动争取什么，她们习惯于别人的施舍，或者是安于现状。当女儿有要求时，父母不要马上答应她，应该鼓励她自己去做。让你女儿经历一些挫折，告诉她凡事都要靠自己的努力，激发她为了实现目标而奋斗的勤奋精神。

（4）励志故事是女儿最好的教材，在故事中激发女儿的勤奋精神。父母经常给女儿讲解伟人的成长故事，讲完故事后，就问女儿的感想，然后告诉她：人们无法选择自己的出身，但是勤奋可以改变人的命运。给她讲讲周恩来少年时经历的人生冷暖，刻苦学习的事迹。父母要让女儿了解那些伟人的艰苦岁月，让她了解真实的奋斗故事。很多伟大的人，都有着艰苦的过去，然后听听女儿的想法，培养她的勤奋精神。

一懒百不成。懒惰的人是不可能为了目标而拼搏的。只有勤奋的人才会为了理想甘心付出汗水。勤奋作为一种比较迷人的性格特征，它也能使女儿对生活中的许多困难产生心理免疫力。一勤天下无难事。父母告诉女儿，没有好的出身，但是勤奋可以让她迈向成功。

第十七堂课

"巾帼何必让须眉"

"女子无才便是德"，北大女生一直以来都用自己的实际行动来证明中国传统教育中的这种错误观念，她们通过自己的努力和拼搏，在各个行业都显示出了自己的实际能力，坚强地走在时代的前列。她们不愿去做被圈养的小鸟，不愿时时依赖男人，她们自尊、自立、自信，她们知道只有拥有有力的翅膀，自己才会飞的更高更远，才会更加的美丽。

1. 花木兰替父从军的精神

父母要把女儿培养成像北大女生们那样优秀的孩子，就不能有重男轻女的想法，就应该抛弃男尊女卑的错误的传统观念。因为女儿也一样可以很坚强、很勇敢，为国家为父母尽忠尽孝。想一想花木兰、居里夫人，她们都在证明着女生不比男生差，男生可以做到的事情，女生一样可以完成。

花木兰替父从军的故事家喻户晓，作为女子不仅替父从军，而且还立下了赫赫战功。这个故事反映了中国古代妇女为国尽忠、为父尽孝、英勇果敢、奋发有为的高贵品质，花木兰也成了千百年来最受我国人民喜欢的历史英雄人物之一，她的形象更成为了中国历史上巾帼不让须眉的女英雄的美好象征。

父母应该把花木兰替父从军的故事讲给女儿听，让女儿学习花木兰身上的优秀品格，教育她要有花木兰的精神。

（1）为国尽忠，为父尽孝，做一个有责任的人。花木兰替父从军是尽孝，在战场上奋勇杀敌是对国家尽忠。这是每一人都应该承担的两个责任，也是自古至今我国人民一直奉行的首要的道德准绳。当国家、民族危难之时，面对"可汗点兵"，父亲年迈，小弟年幼无知，如果花木兰既不忠也不孝，怎么可能会替父从军。花木兰说"位卑未敢忘忧国"，她果断地做出了"代父从军"的抉择，勇敢地奔赴沙场，做到了保家和卫国的统一，做到了忠与孝的统一。

父母要从小培养女儿的尽忠尽孝的责任感，这对她的健康成长很重要。每一个活在世界上的人，都在接受着社会、家庭、他人等，来自多方面的关爱。女儿在享受着关爱的同时，也就意味着要承担一种责任。父母要让女儿知道，她在享受着幸福舒适的生活时，还有很多人在默默无闻地为她付出。比如，为家庭打拼的父母、维护社会治安的警察、保卫祖国安全的人民战士。当自己的家庭和国家需要她付出的时候，她也应像花木兰一样，能够担负起一些责任，为国家、父母分担负担。

生活中父母要让女儿学会处理好自己的事情，为自己的行为后果负责，比如，把自己的房间打扫得干净整洁。一个喜欢"甩手不干"的女生，是不会有责任感的。让女儿先学会把自己的事情处理好，才能够在将来承担好社会角色。因为任何一个人都有社会性的一面。

（2）敢想敢干，敢为人先不是男生的专利。古时少有女性参与打仗，而且男尊女卑的封建礼教让女性很难成就一番事业。花木兰替父从军不仅用实际行动打破了这一常规，敢为人先的创举证明了"巾帼不让须眉"的道理，为人们留下了一段世代相传的佳话。

父母培养女儿合法合理的敢想敢干、敢为人先的品格。那些能够跳出条条框框的人往往比那些墨守成规的人能取得更大的成绩。父母给女儿一些机会，让她把人性中最美好的个性得到充分发展。女儿只要童心不泯，就会充满活力，对什么都好奇，勇于探索、勇于追求。

（3）不畏艰险，意志顽强，成就一番事业。花木兰12年戎马生涯的艰苦环境可想而知，她能够与男儿一样驰骋沙场，风餐露宿，浴血奋战，成就了非凡业绩。古之立大事者，不唯有超世之才，亦必有坚忍不拔之志。

生活是不可能一路顺风的，尤其是在今天这个竞争激烈的社会，女性承受的压力、挫折不比男人少。所以，父母应该让女儿拥有顽强的意志，面对困难能够不畏缩，不逃避。据心理学家指出，对芸芸众生来说，成功总是属于极少数意志特别坚强的人，如张海迪虽然半身残疾，但凭着超强

的意志，不仅使自己的外语达到了专业水平，还学会了唱歌、写作和演讲，成为一个多才多艺的杰出女性。她所取得的成就即使是很多身体健康的人都难以做到。

不畏艰险，意志顽强，对女儿获得成功是多么的重要。这些品质贯穿于生活中的各个方面。父母让女儿的意志更坚强，她在干任何事情时，不论碰到什么状况，都能一如既往地想办法完成自己的目标，并能到达成功的彼岸。

（4）荣华富贵、功名利禄只是虚无缥缈的东西，不要把精力浪费在追求它们上。花木兰从军12年，身经百战，屡立战功。当她可以加官晋爵，得到赏赐的时候，她却希望在父母膝前尽孝，重新过起平民生活。能够淡泊名利的女生，是心灵纯洁和美好的，她的思想是朴实和高尚的。这样的女生必然拥有富有和美丽的青春，她的精神也是伟大和闪光的。

在这个世界上有很多像金钱、名誉、权利等事物，随时随刻地窥探着人们的心灵。如果人们意志薄弱，就很容易被这些东西一点点吞噬掉，从此走上不归路。如果女儿没有一个纯净的心理，淡泊名利和金钱的价值观，就会被负面的事物所影响，甚至是变得堕落。父母要教育女儿做人要淡泊名利。这里所说的淡泊名利是相对追逐名利而言的。父母要培养女儿有正确的名利观，不要沦为名利的奴隶，不要把名利看得过重。淡泊名利是人的一种可贵品质。

女儿成长的过程就是一个接受教育的过程，父母应该让她听一听像花木兰这样的故事，接受心灵的洗礼，沉淀下优秀的精神。花木兰替父从军的精神，显示了一种不屈不挠、永不屈服的精神；一种热爱国家，孝敬父母，艰苦奋斗，乐于奉献的精神，也向世人证明了"巾帼不让须眉"的勇武拼搏精神！

2. "女儿，你不比男生差！"

奋斗、拼搏、不断地挑战自己是北大女生的优点，她们从不会因为自己是女性而就学会依赖，也不会因为自己是女生而去博取别人的同情，她们用实际行动证明着自己的优秀和实力，她们用一个个成功的事例来告诉社会决定一个人成败的不是性别。古今中外，有很多杰出的人物都是女性，甚至有些人还取得了超过男性的成绩。其实，男孩女孩都一样，父母们不要有重男轻女的错误观念。在今天的社会很多事情男生可以做到，您的女儿也一样可以做到！

重男轻女是一种封建思想。在旧社会，或者是由于社会劳动的需要，或者是由于传宗接代的目的，女性的地位不被重视。在今天的社会，女性不仅要承担家庭中很多事务，还要外出工作，今天的女性是非常了不起的。所以，女生和男生是一样的，男生能做到的，女生也可以做到，甚至是更优秀。

但是，在今天"重男轻女"的思想还是或多或少地残留在一些父母的思想中，比如，女生总有一天是要嫁人的；女生没有男生能干；女生娇贵不好养等。有这些思想的父母免不了认为女儿是不可能有什么出息，甚至把女儿看成是"赔钱货"，所以对女儿的养育不会倾注更多的爱。

父母把女儿生下来，就有义务好好培养她，关爱她。父母要清除脑中"重男轻女"的思想，不仅是因为父母对女儿有抚养义务，也是为了自己有一个幸福和谐的家庭。

吴女士和丈夫凯是在一次朋友的聚会上认识的。吴女士性格活泼开朗，能歌善舞。深深地吸引了坐在角落里的凯。当别人相互介绍他们认识时，吴女士发现他们竟然是琼海老乡，这样聊的话题自然多了。

凯很快对吴女士展开了追求攻势，一次次的相约，他们坠入了情网。凯在海口一家公司上班，吴女士的职业是老师。他们的结合，被所有的亲朋好友赞成，大家都称他俩是天造地设的一对。在亲人们的祝福声中，两个人终于结婚了。

婚后的生活很幸福。不久，吴女士怀孕了。这成了家里最大的好消息。婆婆每天想法子变换不同的菜式，饭菜以吴女士的胃口为主，吴女士也感动极了。随着肚子的一天天鼓胀，家人谈论的话题总是离不开生男生女。凯是家中的独子，家里人做梦都想要一个男孙。吴女士虽然能够理解家人的愿望，但不免开始担心自己生了一个女儿可怎么办？可是，家里人都信心十足地说："不会的，我们家媳妇头胎都是生男孩。"吴女士觉得压力很大，暗暗在心里默默地祈祷自己能生一个儿子。

十月怀胎，吴女士最终还是生下了一个女婴。家里人听到生的是女孩，就像是霜打的茄子，无精打采，长吁短叹，只在医院看了孙女一眼就回家了，就连吴女士的丈夫也被婆婆给带走了。自从女儿出生以后，原来和睦幸福的家庭气氛不见了。婆婆对吴女士的态度也不如从前，常常对她冷嘲热讽。丈夫凯不仅没有替吴女士说话，甚至劝她再生一胎。终于，吴女士承受不了巨大的压力，选择了离婚。

他们婚姻走到尽头不是因为感情危机，而是走不出重男轻女的怪圈。原本恩爱的一对夫妻，走向了分手。其实，传宗接代的观念应该丢掉。不是常说女儿是父母贴身的小棉袄吗！女儿和父母贴心，和爸爸的感情亲密，也会和妈妈聊很多小秘密。生女儿的父母是有福气的。

父母只有端正了思想，才能够发自内心地把女儿和儿子一样平等地看待，才会给女儿一个健康成长的环境。父母不仅不能看轻女儿，而且还要相信女儿的能力不比男生差，也要相信女儿一定能成为出色的女生。

在今天的社会，由于一些世俗的观念、社会的原因，女性要想获得成功需要付出更多的辛苦。所以，父母要多多鼓励女儿，树立自信心。不要盲目地相信男生的能力一定胜过女生。

在美国《国家科学院学报》上刊登了一份研究报告。该报道指出：如果给予同样的机会和鼓励，女孩在数学方面的表现可以完全不逊于男孩。

这个最新研究结果与以前的研究结果不同。2005年，时任哈佛大学校长的萨默斯称，生物差异可以解释为何成为数学教授的女性比男性少。简单地说，女孩在数学方面的平均水平和男孩差不多，但不如男孩出类拔萃。

不过最新的研究结果表示：在大多数国家，性别不平等，而不是天赋缺少，是在数学上有杰出成就的女性比男性少的主要原因，其中也包括美国。

从上面的报告中，父母可以看出女生和男生在天赋上是一样的。父母不要因为错误的认识耽误了女儿的成长。更不要让自己的错误想法让女儿察觉到，而是应该转变观点。父母要想拥有出色的女儿，就要相信女儿不比男生差，甚至用超过男生的期望来看待她。另外，女生的性格特点也有利于她们取得更大的成绩，比如：踏实、谨慎、细心等。虽然，这样的说法并不绝对，但这些性格在女生的身上体现得更明显。

父母也不要忘记鼓励女儿为了梦想去拼搏，给她一个健康成长的空间。女儿在一个无差别、无歧视，受关爱的环境里，自然会把自己的经历投入到积极的追求上，获得勇气和信心。这样的女生在实现自我价值的时候，也为父母或者自己争得了面子："看，我（我家的女儿）不比男生差吧！"从古代的花木兰到开国的第一位女将军，以及社会上的女警察、女飞行员，很多男生涉足的领域，都出现了女生的身影。无数事实已经证明，在这个世界上，成功是没有性别之分的，只要父母的教育方法得当，女生不比男生差。

$\mathcal{S}.$ 让女儿明白，自己挣到的才踏实

北大女生都应该有很强的独立能力，只有自己具备了这种能力才能够在未来求生存与发展。在现实生活中，由于家庭教育的原因，很多女生的依赖性很强，想要什么只会向父母要，从来不知道自己去努力争取。所以父母要把女儿培养成优秀的北大女生，就要告诉女儿，希望得到什么，不要指望别人的赏赐，靠自己挣到的才踏实。

长期以来，中国孩子接受的是灌输教育，父母、老师、孩子都比较看重学习书本上的知识。这也就造成了一种情况：在考试方面中国的孩子总是比国外的孩子显得优秀，但当涉及到独立能力时，中国的孩子总是没有优势可言。

不是外国的孩子天生独立能力强，而是父母的教育方式不同。有人说中国孩子是抱大的，而美国孩子则是爬大的，这种说法一点也不为过。没有哪位父母想看到女儿在成长的道路上瘸了腿，那就像美国的父母学习，在如何让女儿尽早具有独立性方面独具匠心多下工夫。

（1）从小培养女儿的独立观念。女儿的成长过程就是一个独立观念形成和独立能力培养的过程。如果父母总是舍不得放手，不愿让女儿自己做事情，她就会把自己的一切都依托在外界环境和他人身上。这时，女儿不再拥有主动性，外界环境和他人的变化都会影响到她，她已经不能够掌握自己的命运。这样的女生还能够幸福吗？

女儿在小的时候不可避免的依赖于父母，无论是在情感上还是物质的保障上。父母都不能忽视对女儿独立观念的培养。这是女儿成才的必要的思想条件。在女儿的成长过程中，父母要学会自己"放手"，女儿"动手"的教育方式。父母不要让女儿过分地依赖自己。让女儿从一个无行为能力的小女生变成一个能自食其力的人需要很长的时间，但当女儿具备了这种素质必将受用终身。

（2）让女儿自己做事收获满足感。生活中有很多小事可以用来锻炼女儿的独立能力，比如，自己吃饭，尽管吃的桌上、地上、身上到处都是饭粒，父母也应该坚持让她自己吃。当女儿年龄大了一点时，父母可以培养她独立的生活习惯。一般5岁的女生是可以独自一个人睡了，只要父母用心培养，像铺床、叠被子、收拾自己的房间等事情是难不倒她的。父母不要低估了女儿潜在的能力。

独立能力都是从这些小事开始做起，一点一点积攒起来的。同时，女儿把自己的事情做好后，父母一定要鼓励她。让女儿感受到，独立完成一件事的喜悦和骄傲。自己的事情自己做，能够给女儿带来一种满足感，这种收获是非常重要的。女儿会觉得自己在一天天长大，一天天进步，肯定自己的能力，树立自己打拼的信心。

（3）父母要告诉女儿怎样才算是"取之有道"。父母要告诉女儿"取之有道"就是靠自己的力量去争取，不做违法的事情，不做违反道义的事情，靠自己的行动来实现。不符合这一点，女儿即使得到了自己想要的东西也不会踏实。

琦琦是一位二年级女生。一次，她在街边的小店看到了一个发卡，非常喜欢，可是自己没有钱买，又不敢对妈妈说。于是，琦琦就偷偷地从妈妈的钱包里拿了钱。琦琦如愿以偿地买到了发卡，但是回到家里就担心被妈妈发现，发卡也从来不敢在家中戴。不过，过了几天琦琦发现妈妈没有察觉到钱少了一点，自己的胆子也渐渐大了。后来，琦琦不止一次从妈妈那里拿钱。直到有一天，妈妈发现钱包里一下子少了好几十，问琦琦

说："你看到妈妈的钱了吗？"妈妈从琦琦躲闪的眼光中看出了问题。在妈妈的追问下，琦琦终于承认自己动了妈妈的钱包。

当女儿出现这样的错误时，父母不要责骂女儿，避免使用"偷"这个字，否则会严重伤害她的自尊心，给她过大的压力，不利于教育。父母发现问题后，要尽量控制自己的情绪。如果父母的情绪失控了，女儿也不会有心情关心父母说了什么。父母应该把女儿叫来，坐下来认真交谈。让女儿谈是怎么样想的，花钱买了什么东西，怎么处理的。

能够做到取之有道体现了一种高尚的品德。女儿偷偷从父母那里拿钱现在还视为一个小问题，以后就有可能变成大问题。父母要告诉女儿：钱应该是通过自己的努力赚来的，而不是用不光彩的手段得来的。以美国为例，很多父母都鼓励孩子在业余时间打工赚钱，这不是家里缺钱，而是希望自己的孩子能够早一天独立。美国孩子从小就经常听父母的口头禅："自己照顾好自己"、"让你明天的生活变得更美好"。美国父母既是这样想的，也是这样教育子女的。

曾连续两年排名"财富500强"首位的沃尔顿家族，是世界上最富有的家族之一。可就是这样富有的家庭的教育观念是：叫自己的孩子从小时候起就开始自己挣零花钱。在孩子们很小时，就开始给父亲"打工"，比如，让孩子们在商店里擦地板，帮忙修补仓库的房顶，晚上帮助装卸简单的货物。老沃尔顿按照他们的劳动量，根据一般的工人标准付给他们"工资"。

很多中国家庭条件比较优越，父母会觉得："家里也不缺这点钱，为什么要打工，应该学习好才对。"持有此类想法的父母需要反省了，难道教育女儿从小热爱劳动，懂得用自己的汗水去换取收获，是一件不值得提倡的事情吗？父母的言行在无形中扼杀了女儿"靠自己吃饭"的欲望和能力。

父母要告诉女儿靠自己挣到的才是踏实的，才是自我价值，使她的身心更早成熟。女儿不管想得到什么，都要靠自己的努力，把希望寄托在别人身上，会让自己变成乞丐。

第十八堂课

"女儿，失败是成功之母"

　　福楼拜曾经说过：人的一生中，最光辉的一天并非是功成名就那天，而是从悲叹与绝望中产生对人生的挑战，以勇敢迈向意志那天。失败，人人都会经历。名人也会失败，天才也会犯下错误。如爱迪生在发明电灯的时候，失败了1340次，但他有耐心与信心，最终使电灯发出耀眼的光辉。每个人的一生都会遭遇到困难、坎坷，北大女生是在遭遇过各种各样的失败，难免会犯各种各样的错误后能勇敢站起来的女生。她们不会被这些失败和因自己的错误所带来的后果而击倒，而是及时的总结经验，找到解决问题的方法，最后信心十足地对自己说："相信我，下次我一定会成功的。"

1. "没有失败就不会成功"

俗话说得好"失败是成功之母"，失败并不可怕，可怕的是面对失败却轻易放弃。北大女生是从不轻言放弃的，只要他们有明确的目标，就会努力地去坚持实现，直至成功。无论其间经历多少失败她们都会一如既往地走下去，因为他们坚信每一次失败都预示着他们离成功更进一步。在现实生活中难免会有诸多不顺，女儿遭遇失败时，父母要提醒她："不要被眼前的失败吓到，失败并不可怕，只要你对自己还不绝望，你就能够发现失败的后面就是成功。"

在人生的道路上，失败是每个人都必须经历的成长过程。许许多多的人在经历失败后，依靠自己顽强的努力，通过不懈的奋斗，最终走向了成功。这种把失败转化为迈向成功的动力的奋斗精神，也成为一种宝贵的财富。现实生活中不缺少这样的故事。

女儿长大成材是一个缓慢且艰难的过程。在这个过程中，经历挫折和失败也是必然的。但是好多女生却未必经受得住这样的考验，面对失败，她们或许会变得萎靡不振，再也难以振奋起来。所以，父母如何让自己的女儿懂得从失败中吸取教训，进而再次向成功的道路挺进就显得尤为重要。

父母要让女儿明白，失败是再正常不过的事，别让暂时的失败阻碍了自己前进的步伐。

同事来到苏女士家做客。正好苏女士的不满4岁的女儿正在想方设法地打开卧室的门，她将一把钥匙笨拙地插进锁中，但是因为她身高和协调性都不够，所以弄了半天怎么也没将卧室门打开。于是，苏女士女士连忙走过去想帮助她一下，可被她的同事拦住了。同事告诉该苏女士说："不要去打扰她，让她自己先犯些'错误'吧，琢磨一会儿总能把门打开的，这样她就再也不会忘记怎样开门了！"

果不其然，女儿在折腾了很长一段时间后，终于将门打开了，她开心地拍起手来。

女儿犯错是件极其正常的事，就像故事中的女生一样，她会由于身高和协调性方面的原因而遭遇失败，这也是在探索成功道路中所意料的事，而女儿的妈妈很明白这一点，她还给了女儿一个行动和犯错误的机会，并没有让他人去帮助女儿，最终女儿通过自己的摸索，打开了卧室的门。这位苏女士的教育方法其实很值得父母们借鉴。她让女儿明白了门是如何打开的，也让女儿切身感受到了：原来失败也没什么可怕，通过努力照样能够成功，而且一次次的失败会让自己离成功越来越近。

小莉在这次期中考试中没有考好，自己觉得很伤心。班上的同学们觉得小莉这次肯定是没发挥好，因为她以前的成绩都还不错，平时学习也是很认真努力，所以这次没考好，并不代表她真地学得不好。老师看到小莉心情不好，也安慰她没有什么大不了，可能这次是由于紧张了没发挥好，还鼓励她争取下次考好就行了。

可是，小莉仍然不能够原谅自己，她也不知道自己究竟是怎么回事，开始怀疑自己是不是努力得还不够。回到家中小莉把自己的考试成绩告诉了妈妈，结果妈妈对她说："你这孩子是怎么搞的，怎么考得这么差，你以前不是都考得很好的吗？你是不是没把心思用在学习上，是不是偷玩了，下次再考不好看我怎么收拾你。"小莉听了妈妈的话，更加的伤心了，原本刚积攒起来的那点振作之气顿时没了。为了考试的事，小莉变得很是烦恼，上课也没法集中精力听课了，心里总想着妈妈说的话。最后，学校在期末考试的时候，她还是考得不好，而且比上次考得还差。

"人非圣贤，孰能无过？"更何况是一个小女生？考试没发挥好本来是正常的事情，可是，小莉的妈妈不仅没有鼓励她，反而说了一些让她更加难过的话。小莉没有从失败中走出来的勇气，成绩自然会变得更加糟糕。父母应该明白，对女儿的失败抱以宽容的态度，帮助她分析失败的原因，鼓励她，这样她才能从失败的阴影中走出来，才能向成功再次发起挑战。

失败并不可怕，重要的在于从中吸取教训，失败后照样能够成功。就像上面提到过的例子一样，那个想打开卧室房门的小女生，在经历多次的"折腾"后最终打开了房门，而且开心地拍起手来，这说明什么呢？小女生从"折腾"中学到了开启卧室门的方法，她在摸索中得到了经验，因此门会被打开的。所以对于父母来说，一定要让女儿懂得从失败中吸取经验教训的重要性，这会让女儿离成功越来越近。

伟大的发明家爱迪生为了发明电灯，做了许多次的实验，经历了无数次的失败，但是他并没有灰心，还是坚持着自己的梦想，通过自己的努力，他最终发现了"钨丝"的价值和作用，从而发明了电灯。

如果爱迪生不懂得从失败中吸取教训，不去分析失败的真正原因，那么电灯可能也就不会被成功地发明出来。他的成功是失败积累起来的。当然了，像这样的故事还有很多，父母们都可以给自己的女儿讲讲，或让女儿自己去了解下这方面的故事，她们就会懂得失败对成功而言具有怎样的意义了。

总之，父母在生活中，应该多关注自己女儿的成长，在她失败时，多鼓励她，当然也要理性地对待她所犯下的错误，帮助她分析原因，让她正视失败，从中吸取教训，再次走向成功。成功是需要探索的，每一次失败都是对自己的一次锤炼。父母要让女儿在失败中获得真知，及时调整她的方法。只有让女儿知道不怕失败，她才会更接近成功。

2. 给女儿插上飞向成功的翅膀

　　成功是每个人都期望的，但追求成功的路并非一帆风顺，可能要经历无数次的失败、痛苦，同时还需要通过自己不断的修炼、努力才能最终达到理想的彼岸。在女儿的成长过程中，父母要教会女儿如何处理好失败问题，使女儿学会在失败中思考，总结经验，给自己一双飞向北大的翅膀。

　　那些获得成功的人不是因为他们没有经历过失败，而是他们有着强大的内心动力支持着他们战胜失败。很多女生一事无成的原因，不一定是因为笨，而是缺少一些激励，没有对成功产生渴望。

　　每一个人都会失败，包括很多取得卓越成就的人。所以，父母不要总是盯着女儿的失败不放。父母总是强调女儿的失败，女儿是不会对自己有信心的，应该多多看向未来，给她插上一双勇敢飞翔的翅膀，她才会走出失败的阴影。

　　（1）让女儿知道你信任她。女儿遭遇失败时，父母要想让女儿战胜失败，首先就要信任她有成功的那一天。女儿情绪低落时，很难看到生活中积极的一面，也会不断地怀疑自己、否定自己。但是父母不可以怀疑自己的女儿，要相信自己的女儿不比别人差，总有一天会发光的。同时，父母要和女儿多多沟通，让女儿知道自己对她的看法。

　　有一位美丽的公主，从小就被一位巫婆关在一座高塔上面，与世隔绝。公主每天只能见到巫婆，而巫婆每天都会对她说："你的样子丑极

了，见到你的人都会感到害怕。"从小在这中环境下长大的公主相信了巫婆的话。她害怕别人嘲笑她的样子，一直不敢逃走。直到有一天，一位王子经过塔下，看到了美丽的公主，救出了她。得到解脱的公主对着镜子时，才意识到自己原来如此的美丽。

这是一个充满寓意的童话故事。当女儿失败时，需要父母的信任。如果父母像那个女巫一样，说一些让女儿觉得灰心的话，那么女儿就再也没有站起来的勇气了。如果女儿察觉到父母对自己不够信任，她就会被这种负面的暗示影响着。遭遇失败并不可怕，最可怕的是女儿不能够从失败中走出来。当女儿"真心实意"地相信自己笨的时候，就会变得毫无斗志可言。父母要信任女儿，保护她对成功的信念和渴望。

（2）面对失败，父母要帮助女儿反思，甚至可以调整思路。成功是可喜的，是经过无数次的失败才成就的。人们要想从失败走向成功，就要学会在失败中反思。失败引起人们思考，只有总结经验教训，才会在以后的事情中避免失误。但是，在现实中，女儿年龄还小，经验也少，很多问题可能想不明白，所以需要父母的帮助。当然，这种帮助不可以越俎代庖，聪明的父母要能够耐下心来问问女儿"为什么会失败？"以激发女儿去真正地反思。父母要把自己知道的提供给女儿，让女儿借鉴父母的经验以得出结论。失败是女儿成长的好机会，女儿只有在失败后自我反思，才能提升她善于思考的能力。

小凌是一个性格内向，外表也并不出众的女生。在学校里，她总是让人觉得文文静静，上课从不喧哗也从不回答问题，下课既不大吵大闹，也不会和同学们闹矛盾。不过，她的学习成绩很差，数学只能考十几分，语文也不及格。老师对她的成绩也早已习惯，不再把希望寄托在她的身上，常常会感叹："她怎么会这么笨"。所以，小凌在班里，就像教室里的桌椅一样，摆在那里，默默无闻，谁也不会在意她的存在。

小凌的父母也很着急小凌的功课。事情的转折起于一次打扫卫生。那天，妈妈替小凌收拾屋子，看到小凌桌上的美术本，就随手拿起来翻了翻，结果小凌的画吸引了她。小凌在美术本上画了一幅古装的美女，线条虽显稚嫩，但形抓得很好，整幅画气韵生动。妈妈又翻开她以前画的画，画面整洁，形象优美，有一种内在的气质在画面里流动。妈妈相信小凌是懵懂未开，只要勤加雕琢，会是一块美玉的。

于是，小凌放学后，妈妈问小凌："女儿，你喜欢画画吗？"小凌点了点头。妈妈对小凌说："如果你喜欢画画，妈妈可以给你报一个美术班。"小凌看着妈妈，眼睛里流出了惊喜。就这样小凌上了美术班，在那里她认识了很多和自己爱好相同的朋友，而且性格也比以前开朗了很多。小凌提高了自信，渐渐地走出了自闭，她和学校里的同学有了更多接触。同时，小凌还为班里的墙报画了很多精美图画，其他的成绩也有所提高。她不再是个"后进生"了，朋友也多起来了，笑声也多起来了。

人无完人，金无足赤。当女儿在某一项上失败后，父母不要对女儿失望。也许，你的女儿有着别的潜力呢！人们取得成功不能只用蛮力，也需要动脑筋。女儿失败后，父母要帮助她思考，改正自己的缺点，发挥自己的优势。在成功路上，父母让女儿及时调整步伐才能走得更好。

（3）让女儿正视失败，调整心态。在失败面前，不同性格的人会有不同的表现。有的人会就此止步，有的人会奋起前行。所以，当女儿失败后，父母不要忘记让女儿勇敢、乐观、自信。在失败中，父母要帮助女儿分析原因，正视自己，激发起她挑战未来的勇气和信心。让她在失败的时候还能够微笑，想到生活中还有希望。在人们为了一个目标而努力的过程中，遭受失败很正常，所以女儿不要因为失败就萎靡不振。父母要告诉女儿，获得成功不仅需要智慧的头脑，还需要一颗永远不放弃希望的心。

父母也是女儿的老师，不光是授业解惑的师者，还要成为完善女儿人格的导师。有一个好性格和积极的心态，都是女儿获得成功不可缺少的基础。

父母要想让女儿获得成功，就要懂得呵护她。当她失败的时候，父母要守在她的身旁，听她诉说，给她意见，为她打气，为她引路。在父母悉心的关爱下，女儿就会拥有一双飞向成功的翅膀。

3. "女儿，再试一次好吗？"

北大女生的成功需要付出艰苦的努力和持久的坚持，可在生活中往往会看到一些女生在经过很多次的努力没有成功后，选择了放弃，因为她们不想再尝试了，感觉自己再怎么努力都不会成功。面对这种情况，做父母的该怎么办呢？父母应该告诉自己的女儿不要气馁，不要轻言放弃或中途退缩，再试一次，或许成功就会来到自己的面前。

人们都在追求着成功，并为获得成功而付出着自己的汗水，可成功又需要跨越多少个难关才能获得呢？也许只有两个，而有的人却在跨越了第一个难关后便轻言放弃了，假若这时候有人对他说："坚持下吧，再试一次好吗？这次你肯定能胜利"也许，他就真的在第二次的尝试中跨越了难关，而获得成功。

女儿在成长的过程中，可能还没具备做某些事的能力，但是女儿很想去尝试。于是，她便开始做些在父母眼中是不可能完成的事。有的父母只是冷眼旁观，有的父母甚至对女儿说："你还是放弃吧！你不可能做到。"父母不仅打消了女儿的积极性，而且女儿也容易对自己的行为产生自卑感，失去了继续尝试的勇气，这样也就永远不可能获得成功。很多父母在家庭教育中，用一些话伤害着自己的女儿。

反之，当女儿想去尝试一件对她来说有一定难度的事情时，父母应该对女儿说："没关系，一次不行再试一次，这次不行下次肯定能行，你一定能做好的"父母的话让女儿对自己有了信心。受到鼓舞的她，也就有勇气再去尝试一次，而这一次没准女儿就能体验到成功的喜悦了。

因此，当女儿面对失败时，父母应该给予女儿再次尝试的勇气，帮女儿分析失败的原因，不要让女儿停留在失败的悲伤中。

那天课前，小慧同学像往常一样走到讲台前带领大家唱歌，可不知道是怎么回事，向来唱歌很好听的她，一开口却唱跑了调。于是班里便有几个调皮鬼带头开始起哄，这个时候，正好音乐老师从门前路过，他忍不住走了进来，纠正了她的唱法。这下可让小慧感到尴尬极了，她面红耳赤、不知所措地站在台上，神态窘迫，而下面的哄笑声更大了。她向准备上课的班主任投来了求助的目光，替她"解围"。班主任让小慧回到自己的座位上，开始正常的语文教学。

一次失败让小慧觉得很尴尬，她选择了逃避，而不是把歌唱好，证明自己的实力。在失败面前，小慧需要他人的支持和鼓励，需要对自己能力的信任。可惜，周围的人没有给她鼓励，小慧自己也放弃了自己。父母在教育女儿的过程中，也要注意方式，并多鼓励女儿去尝试，这样的尝试对她有很大的意义，也许成功就隐藏在下一次的尝试中。

父母要告诉女儿："再试一次吧，我相信你，这次你肯定能成功。"

小茹是一个品学兼优的学生，尤其是对自己的英语成绩一向都很自信。

这学期学校推荐她参见全市的中学生英语演讲比赛，她非常高兴有这样的一个机会展示自己。在比赛的时候气氛非常的紧张，小茹紧张地变得口齿不清，结果早早地就被淘汰了。她懊恼极了，逃出老师怜悯的目光，同学们质疑的目光。小茹把这次失败深深地隐藏在心底，很长时间都无法原谅自己。

转眼间，又是一次英语演讲比赛。老师问小茹想不想参加了。小茹表示想考虑一下。放学后，小茹回到家中茶饭不思，爸爸看到她情绪低落，问清了原因，对她说："女儿，你为什么不再去试一试呢？也许，这次你就能够成功。"小茹沮丧地说："我也很想取得第一名，但是我已经失败过一次了，我不想再去丢人了。"爸爸说："小茹，谁都有失败的经历。

你总结过你失败的原因了吗？一次失败不能代表你无法接近成功。这次，你多多练习，做好比赛前的准备，克服紧张心理，你一定可以取得胜利的！"小茹看着爸爸信任的目光，向着爸爸认真地点了点头。

终于，第二次参加比赛的小茹，发挥出了自己最好的水平，取得了第一名。

小茹是幸福的、幸运的，因为她得到了父母的支持和鼓励，而第二次尝试也让小茹如愿以偿，获得了第一名。假如在小茹失落的时候，没有父母的鼓励，小茹就不会去比赛。即使小茹有着第一名的才华，这个第一名也不可能属于她。

现实生活中有多少父母可以像小茹的父母那样呢？当女儿因为某件事情失败时，应该鼓励她，而不是讽刺她。即使天赋很好的女生，总是被他人忽视和奚落，也会变傻。

科学家曾经做过一个让梭子鱼变"笨"的实验：把一条梭子鱼放进一个有许多小鱼的水池里，任何时候梭子鱼饿了，只要张张嘴，把小鱼吞进去就行了。过了一段时间，科学家用一个玻璃瓶罩住了梭子鱼。开始时，梭子鱼还是像往常一样去捉小鱼吃，结果每次都撞在了瓶壁上。慢慢地，梭子鱼的冲撞越来越少，最后，它完全绝望了，放弃了捕食小鱼的所有努力。这时，科学家取走了套住它的瓶子，备受打击的梭子鱼沉到了池底，一动也不动了。即使那些小鱼游到了梭子鱼的嘴边，它都不再有任何反应。最后，这条可怜的梭子鱼就这么活活饿死了。

很多女生和梭子鱼所处的环境是一样的。不是她们真的很笨，而是他人的言行，误导她们相信自己很笨，注定一事无成。父母千万别让女儿对自己产生"无能感"。当她遇到失败，要及时地帮助她重新振作，为下一次尝试做准备。父母的鼓励对女儿非常重要，这些鼓励会增加女儿在面对失败时所该具有的信心。父母要多激励女儿，让她懂得坚持，不要面对一点挫折时就退避躲让，让她多给自己一次机会，那么自己将来的人生也会更添一份灿烂。

第十九堂课

快乐女孩，积极乐观

北大女生是快乐的，因为她们拥有乐观向上，积极面对生活中一切困难的人生态度，她们不怕风雨，因为他们追求的是风雨后那美丽的彩虹。生活好比一面镜子，你对着它什么态度，它也会回以你什么态度。你若对它情绪低落，那么它也会毫无生气；你若对它笑容灿烂，那么它也会笑脸相迎。父母要想让女儿活得开心，就要积极培养女儿乐观的生活态度，使她们微笑着面对生活的困难，幸福快乐地面对人生。

1. 满足女儿合理的要求，给她一份惊喜

> 女儿脑子总是有新奇的想法，会向父母提出很多的要求，弄得父母应接不暇。对于女儿不合理的要求，父母要敢于说"不"，对于女儿合理的要求，父母应该满足。培养北大女生的一个关键就是要慢慢培养孩子的求知欲和对获取知识后的满足感，使她们在学习知识的快乐中成长。而当父母能够满足女儿合理的要求时，就像送给她一个份惊喜，一种奖励，让她心情愉快。

女儿的成长不仅有物质需求，还有心理需求。家庭教育中一个很重要的问题就是如何处理女儿提出的要求。父母常常会向女儿提出种种要求，可是当女儿向父母提出要求时，各位父母又能够做到几份呢？当然，父母面对女儿不合理的要求，就应该明确地拒绝。而女儿提出的合理要求，父母不但要认真听，还要发自内心地认真对待。当父母满足女儿的要求时，女儿会感到非常开心，不仅是因为她的要求实现了，还因为她有一种受重视的感觉。

现在的女生最大的压力来自于学业。由于父母的期望、学校的要求、社会的竞争很多女生不得不减少休息玩耍的时间。女生在学校要面对一天的学业，回到家后还要被父母逼着学这学那。

父母希望女儿学习好，谁都能够理解。但为了实现这一目标，父母常常会对女儿提出很多要求，并且执行起来有一定的强制性。女儿变成了服从者，没有讨价还价的余地，身心从小受到束缚。她被限制得越多，离快乐生活也就越远。父母成了考试分数的追逐者，女儿也变成了分数的奴隶。父母认为女儿有了好分数，才能够上重点大学。为了这一目标，女儿就要付出努力，加班加点的学习是在所难免的事情。

星期四放学后，姗姗对妈妈说："放假啦！放假啦！"。妈妈听了感到吃惊，以为女儿顺嘴说的，没在意。可是，姗姗立即又问她："妈妈可以带我出去玩吗？"。妈妈有些不耐烦地说："今天周四，明天还有一天呢，怎么想到放假了？就知道玩，作业都做完了吗？"姗姗听了说："妈妈，我们作业留得太多啦！我想去游乐园玩。"说完姗姗就哇哇地大哭起来。

女儿的学习应该有张有弛，追求高分不应该成为女儿生活的全部。有的父母简单地认为女儿成才就要好好读书，所以对女儿最大的要求就是好好学习，抓紧时间学习。其实，让女儿学习知识很重要，但是让她能够快乐地生活更重要。现在的女生真的很累！学校的课程开得很多，可父母还要给女儿增加负担。姗姗每天都希望自己能够放松一下，怎么还有心情去学习呢！她希望放假的要求是发自内心的渴望，幼小的心灵也承受不了负担过重的学业。

生活中有很多类似的事情。有时候女儿希望能够去春游，可能是因为女儿想得到放松；有时候女儿想和父母一起玩，可能是因为她感到自己孤单。父母应该认真对待女儿的要求，看看那些是合理的要求。对于女儿合理的要求，父母要耐心地倾听，小心地询问，了解要求背后的信息，这样才能让女儿觉得自己是被重视的，是有人关心自己的，她才能过得健康快乐。

一个不了解自己女儿心境的父母是不称职的。女儿的要求往往代表了她的心境和渴望，只不过女儿年龄小，还没有准确的表达能力。女儿将自己的要求简单地表述为"放假""与父母在一起玩"等。父母要有一双慧眼，透过现象看到问题本质，这样女儿才能活得很快乐。

事物都是有两面性。父母对女儿合理的要求也不满足，除了会让女儿觉得自卑、孤独、郁闷外，还容易激起女儿的逆反心理。如果女儿的心情总是不能够放松，得不到满足和重视，父母再对她说什么，也是没有效果的。父母要相信女儿虽小，但也会有心事，也会有烦恼，这些烦恼甚至就是父母造成的。

家庭是女儿的第一所学校，父母是女儿的第一任老师。女儿在成长过程中出现的问题，家长应是第一个发现者，第一位责任人。所以，女儿生活得不快乐，父母的责任是最大的。让女儿能够快乐地成长需要平等地对待。有的家庭，父母几乎每天都以各种要求来把自己的愿望传达给女儿，用来规范和指导女儿的行为。在一般情况下，只要父母要求合理，女儿是会服从父母的要求的。同样，如果父母觉得女儿提的要求并没有什么不合理之处，也可以满足女儿的要求。

女儿年龄不大的时候，她不会在意什么大是大非的道理，她更在乎自己快乐不快乐的感受。女儿的成长中也需要"贿赂"，这个贿赂就是适当地满足女儿的要求。父母满足女儿的合理要求，会给女儿带来幸福感。因为女儿的思维简单，你拒绝了她的要求，她就会联系到"爸爸妈妈不爱我了"，影响她的心情。如果你满足了她的要求，她就像是在圣诞节收到了一个期盼已久的礼物，自然会发自内心地快乐，满足感和幸福感油然而生。

女生不应该是一株等待枯萎的花朵，应该是每天健康快乐地成长着，因为她拥有"阳光"的照耀。但愿父母那一抹珍贵的阳光能够照到每一株花朵，使每一株花朵都生活在温暖阳光的照耀下！

2. 女生也可调皮一点

北大女生的培养，不能遵循传统的教育观念，如父母总是希望把女儿调教得规规矩矩的，其实过分地约束她的行为就等于约束她的思想和天性，而且调皮的孩子总是显得聪明。文文静静的大家闺秀虽然好，但这不是压制女儿天性的借口。父母教育女儿应该顺其自然，不要强迫她当淑女。

很多父母都埋怨自己的女儿是个"调皮鬼"，埋怨她们在墙上乱涂乱画，埋怨她们干净的衣服穿一天就弄脏了，埋怨她们会欺负小伙伴等。很多父母都希望女儿能够有大家闺秀的样子，行走站立都要注意，谈吐举止要得当……但这只是父母单方面的想法。

女儿小琪今天已经10岁了，是个有名的"调皮鬼"。在家里，喜欢跑来跑去，一分钟也闲不住。看见电视上有人在唱歌，她也学着人家的样子扯着嗓子唱起来，不管谁在边上，不管自己唱得有多难听，但她自己非常享受。小琪的父母都很发愁，觉得女儿太不像女生了，以后可怎么办呢？父母虽然很替女儿的"疯"样子发愁，但是小琪在学校的人缘非常好。尽管小琪有些调皮，但老师并不讨厌她，同学也都喜欢和她玩，有时候还是同学中的"小头目"。

在家庭教育中，很多父母仍然坚持着传统的教育观念。父母根据性别把对孩子的教育区别开，所以女儿就应该是文静的，而那些"假小子"都认为是父母教育的失败。不是传统教育观念不提倡，而是不能片面强调传

统观念。父母不要时时刻刻地拿淑女的标准来要求女儿，这会限制女儿的行动力，也会影响她形成开朗的性格。父母在教育女儿的时候，要站在女儿的角度来考虑，不能扼杀她的天性。

过分听话的女生往往是缺乏独立性的表现，调皮是所有孩子的天性，是任何一个孩子生理、心理发展到一定程度出现的必然现象，女生也不例外。女生的调皮是活泼好动的表现，是兴奋性神经比压抑性神经更加发达。父母硬是强制女儿不能动，就等于给生长中的女儿心灵上带上了"枷锁"，这对她身体的发育、智力和个性的发展都是有害的。

女儿的心灵是脆弱的，她需要父母的细心呵护。很多父母由于传统的淑女教育观念，使得他们经常批评女儿的调皮。父母应该有一个宽容和仁慈之心，要心平气和地接受女儿的调皮。女儿小时候的顽皮是她成长中经历的一个必要阶段。比如，处于身心发育中的女生会对未知的事物非常感兴趣，喜欢去挑战，但如果父母对她约束过严，就容易导致相反的结果，让女儿产生叛逆行为。

父母应该正确地看待调皮。孩子的生长发育和调皮是紧密相连的，女生不会因为性别原因而有所差别，她们也会"调皮"。从女生的成长阶段来看，学龄前是她身心发育最快的阶段。女生的生长需要运动，运动帮助生长。女儿在调皮的时候就是在运动，所以女生调皮的天性是在帮助她成长。

既然调皮也是女生的"天性"，父母为何不给女儿一个释放调皮的机会呢？父母想要控制女儿的调皮，那么就先让她充分地活动，父母也可以参与她的"调皮"，这样才具备让她安静的前提。比如，带女儿去运动场，陪女儿一起做运动。或者父母可以给女儿买一些符合女生运动特点的玩具，以满足她的生长要求。如果女儿把自己的精力都花在了积极、正确的运动上，也就不会有很多的精气神去往墙上画画了。另外，在女儿玩耍过程中，应加强引导和看护以防女儿磕伤、碰伤。

一些父母往往要求女儿安静、乖巧，可是这些过多的要求，真的对女儿的成长有用吗？父母要宽容地看待女儿的调皮。女儿在生活中不用为避免犯错误或者为已犯过的错误过分地担心，学习和生活才会轻松愉快，否则，他们就会在持续不安中感到日子痛苦难熬。作为教师和父母不应该抹杀孩子的这种天性，作为老师和父母真的该想想这些都是孩子的错吗？为什么不多一些表扬和赞美给孩子？

通常，调皮的女生往往比较聪明，有比较强的个人主见，意志力比较坚强，性格活泼开朗。所以，调皮不是女生的缺点，相反是她聪明机智的表现。因为有些"调皮"其实是女生求知的反映，有些女生的好奇心特强，但她知识经验不足，这一对矛盾的发展就表现为"调皮"。

萱萱6岁了，很倔强，也很调皮，尤其走在大街上，不管是垃圾桶，还是大树，只要是让她觉得新鲜，总是不顾一切地凑近看一看，摸一摸，还旁若无人地和它们对话。妈妈跟着她也是累得满头大汗。在家里，萱萱对滴答滴答响的闹钟也很感兴趣。

一天，妈妈回到家发现闹钟已经弄坏了，各种小零件散落在地上，坐在一旁的萱萱好像还在琢磨着什么。妈妈气得让萱萱回到自己的房间反省。

如果父母不能正确地看待女儿的行为，就会扼杀女儿探索未知世界的好奇心。女儿的成才离不开旺盛的求知欲。父母要了解女儿"调皮"的根源，就要正确对待女儿的"调皮"。对于调皮的女生，父母不能只看到她的缺点，而忽视她的闪光点。父母用许多规矩去限制女儿的行为，就是在限制女儿的思想。其实每个女生都有多方面的潜能，需要父母去努力发现。只要父母耐心指导和挖掘，女儿的调皮会被很好地利用起来，转变成获得知识经验的途径。另外，调皮的女生不一定会变得不文明，一方面要顺其自然，另一方面要父母正确引导，让女儿在成长过程中，既学到知识，又养成良好的品德和习惯。

3. "女儿，生活中需要微笑"

生命是一个过程，一个漫长而又短暂的过程。上天赋予人们生命的同时也给了人们许多坎坷。北大女生是成功的，但在成功的背后隐藏着无数次的失败，而她们之所以能成功则是因为面对每次的失败和坎坷，她们都只是淡淡的微笑。父母在教育女儿的过程中应该告诉她：你的生命会经历一些坎坷，因为这些挫折，你可能会伤心、难过，但你却不能够停止微笑。无论生活得再苦再累，也要对自己微笑。

微笑是人们对抗挫折的武器。一个轻松的微笑，一道美丽的弧线，跨越了任何的沟沟坎坎，无论是在任何复杂的场面，只有微笑的生命才能战胜一切。当人们无助时，它给人们阳光般的安慰；懦弱时，它给人们波涛般的勇气；孤独时，它给人们母爱般的慰藉；夏日时，它像一股清风席卷而来；冬至时，它像一缕阳光放射温暖。父母要让女儿学会用微笑面对一切，生活中的难题也不会那么棘手了。

微笑的女生婉约可人。微笑既表示了乐观开朗，又表达了坚强勇敢。女儿能够微笑，离不开父母的影响。那么父母怎样做，女儿才会有更多的微笑呢？

父母首先要为女儿营造一个和睦愉快的家庭气氛。父母的乐观品质可以影响到女儿。如果父母整天愁眉苦脸，满腹牢骚，那么女儿则会变得沉闷与消极。一个时常抱怨生活的艰辛与无奈的人，他肯定是一个连微笑也吝啬的人。父母自己要微笑，才能让女儿有一个微笑的世界。父母的乐观自信、坚韧豁达，会让女儿学会微笑，学会积极的处事态度。早晨起床时给她一个微笑，上学时给她一个微笑，女儿生病时给她一个微笑，在她不高兴时给她一个微笑。女儿会从这微笑中感觉到家的温馨，生活的美好。

家庭成员之间在说话办事的时候，应该有一种平和的态度。父母跟女儿谈话时，要和颜悦色，使女儿感到可亲可敬，心情舒畅。女儿有时会犯一些错误，父母要学会控制自己的情绪，不要经常厉声厉色地斥责女儿，以免女儿对父母望而生畏。如果女儿对父母产生畏惧心理，必然会长期处于紧张的心情状态。

父母在教育女儿的时候，既要学会听女儿说话，也要学会对女儿说话。父母必须以尊重女儿的愿望为前提，以理服人，要让她心中滋生出积极的情绪。当女儿不愿接受父母提出的一些要求时，父母不能心急，应该给女儿一些思考的余地，用商量的口气与她沟通，让女儿渐渐适应父母的要求。

父母要关注女儿的情感需求。女儿虽然吃穿不愁，但是不能代替对亲情的需要。生活中有这样一些女生，她们生活优裕，穿名牌、读名校，却难得与自己的父母见上一面；她们或在校住读，或与老人生活在一起，或被寄养在亲戚家，过着"寄人篱下"的日子；她们在成长中，由于缺少父母的关爱和监督，不仅易出现极端行为，而且总是让人觉得她们过得不快乐。

朵朵和很多孩子不一样，她从来不喜欢放学。朵朵也曾经和同学说："我不想回家，我就像家里的桌子和椅子一样，他们常忽视我的存在。"父母因为工作原因，经常早出晚归，朵朵只能自己一个人在家。有时候每天当朵朵还在睡梦中的时候，父母就离开了家，而当他的父母深夜一身疲惫回到家中的时候，朵朵早已进入梦乡。家中只有一个烧饭的保姆，在这个家中，朵朵最大的感觉就是孤独。在一篇周记里，朵朵这样写

道：我是孤独的守望者，喧闹的城市里，我一人守望。

像朵朵这样的城市留守儿童有很多。她们缺少的并不是物质，而是长期处于独处状态下丢失了亲人给她们的微笑。和别的孩子相比，这样的女生显得尤为敏感、多疑、怯懦、孤独。她们年纪不大，但总是心事重重，缺少快乐。因为父母不在身边，她们感觉到生活的缺憾，有着较重的自卑感。女儿的成长不仅需要物质上的，还需要父母在心灵上的呵护。

父母要为女儿提供微笑的机会。生活中处处都蕴藏着微笑的理由，父母要试着与女儿一起寻找这种欢乐。父母要让女儿经常处于愉快的精神氛围中，情绪自然开朗、活泼。比如，带着女儿去动物园玩，满足女儿的一个小愿望，陪女儿一起做游戏等等。这样，家庭生活中时时处处都充满着欢乐愉快的情趣，可保持女儿积极健康的情绪和心态，自然会拥有美丽的笑容。

当女儿有了不愉快的事情，父母要设法尽快消除其不良情绪，恢复其愉快的心境。倘若女儿长期情绪不佳，怎么可能微笑呢！所以，父母一定要设法使女儿经常保持良好的精神状态，以利于身心健康。比如，女儿做了错事，父母进行批评教育是必须，但要"速战速决"。当女儿认识了错误并表示改正时，父母要马上收起指责的态度，使女儿尽快恢复正常的情绪。父母还要学会帮助女儿转移情绪，比如，用一种新事物去吸引女儿的注意力，转忧为喜，恢复良好的谨慎状态。

父母要让女儿知道微笑是世界上最美好的语言。当她学会了微笑，她就懂得了生活的意义。女儿学会了微笑，就是学会了感谢。女儿学会微笑，她的心灵将在真诚的微笑中得以升华。女儿学会了微笑，就会发现生活是美好的。微笑，让一切变得美妙，让一切平凡拥有可爱。在女儿的一生中，生活会给她很多伤心事，但微笑才是生命永恒的旋律。

第二十堂课

女生，昂起头来最美

索菲亚·罗兰说："一个缺乏自信心的女人永远也不会有吸引别人的美。没有一种力量能比自信更能使女人显得美丽。"北大女生是美丽的，然而这种美丽并不仅仅是指来自于外表，而更多的则是源于从内心深处透露出来的那份自信。自信的女人是最美丽的。美丽不等同于漂亮，一个漂亮的女人不一定自信，但一个自信的女人绝对是一个美丽的女人。无论贫穷还是富有，无论貌若天仙，还是相貌平平，只要女儿自信地昂起头来，快乐会使她变得更美丽。

1. 女大十八变——昂起头来走路

　　北大女生是美丽的、可爱的，但那份可爱与美丽源于她们的自信，她们也许没有美丽的容貌，但是他们拥有自信，因为拥有自信而快乐，因为快乐而美丽。女生天生就爱美。她们在乎自己的外貌是否漂亮，有时会担心别人说自己长得丑。父母在对女儿的教育中要告诉她，女生的美丽并不仅仅等于漂亮的容貌，而在于其内心深处的自信，自信的女生是最美丽的。大胆自信地扬起你的头。也许，您的女儿有着这样或者那样的缺点，但是父母要懂得赏识自己的女儿，扬长避短，克服自卑，帮助她树立自信。

　　自信的女人，拥有的东西不一定很多，但她却拥有一份最宝贵的财富——自信，这是一份永远不为外人夺取、永远属于她自己的财富，罩在她身上，成为她最美丽的地方。

　　青春期的女生随着自我意识的增强，变得越来越爱美、关注美。从此，漂亮不漂亮成为女生们永远的话题，也是女生成长中不可逾越的鸿沟。有的女生会表现得自信，成为多人的焦点，有的女生却有些自卑，不愿意与人接触，担心自己会被他人嘲笑。这一切都来自于女生对自己的外表是否自信。

　　其实，女生是否漂亮，除了外貌的作用，还取决于一种气质。而这种气质的培养离不开女生的自信。生活中，我们可以看到自信的女生，走路的时候昂首挺胸，沉着坦定的表情告诉人们她们的自信；自信的女生，坐在餐厅跟坐在大排档都一样地优雅，微笑的魅力使她们把握住人们的视线所在；自信的女生，买东西的时候不会犹豫不定，走到自己喜欢的东西面前，会挑选最合适自己的东西。

女生不一定要有可爱的脸蛋和迷人的身材才算漂亮，因为自信也是一种美丽，而很多人却因为太在意外表而失去很多快乐。有这样一个故事：

珍妮是个总爱低着头的小女生，她有些自卑，一直觉得自己长得不够漂亮。

有一天，她从饰品店里买了只绿色蝴蝶结，店主不断赞美她戴上蝴蝶结的样子很漂亮。虽然珍妮并不信老板的话，但她还是感到高兴，不由地昂起了头。她急于让大家看看，出门与人撞了一下都没在意。

珍妮走进教室，迎面碰上了她的老师，"珍妮，你昂起头来真美！"老师爱抚地拍拍她的肩说。那一天，她得到了许多人的赞美。她想一定是蝴蝶结的功劳，可往镜前一照，头上根本没有蝴蝶结，一定是出饰品店时与人碰撞后丢了。

珍妮并不是一位丑姑娘，只是对自己没有一个正确的认识。父母要告诉女儿，世界上没有一个完美的人，不要盲目地去羡慕别人。自己拥有的东西，也许正是别人缺少的。女生应该懂得为自己已经拥有的东西而自信。一个总是自卑，甚至是不敢抬起头来的女生，是不会让人感到赏心悦目的。父母要让女儿接纳自己的缺点，发挥自己的优势，相信自己并不比谁差。

父母对女儿的培养责无旁贷。父母要想把女儿培养成一个自信的女生，就要懂得欣赏自己的女儿。父母对女儿的性格有着至关重要的影响。如果父母懂得欣赏自己的女儿，女儿就会自信地看待自己。现实生活中有多少父母能够欣赏自己的女儿呢？父母对女儿的信任可以让女儿变得更自信。作为父母，千万不要吝惜在别人面前骄傲地介绍："这是我美丽的女儿！"无论别人怎么看，父母要让女儿知道，她在父母心中永远是最美丽的。当女儿感受到父母的认真关注，就会获得自信，就会有一个积极的心态。

父母在赞美女儿的时候，也要注意分寸。当女儿穿了一件很漂亮的衣

服时，父母要赞美女儿今天很漂亮，有眼光。但同时也要让女儿明白，女儿的美丽不应该仅仅依靠外表的修饰，自信才是女儿一生中最美丽的一件衣服。自信的女生不会用艳丽的装扮去赢得别人的夸奖。自信的女生是聪明的，懂得只有不断地完善和提升自己，才会让别人用赏识的眼光来对待自己。

中国有句老话叫做：女大十八变，越变越好看。父母要让女儿对自己有信心，只有让女儿相信自己，她才能够变得美丽，她的潜意识才能够发挥作用，才会朝着好的方向发展。为了培养女儿的自信，父母不妨让女儿去学一门才艺。

可滢在人们的眼中总是文文静静的，喜欢一个人独处，自己和洋娃娃说话，不喜欢和陌生人接触。妈妈觉得可滢的性格太过内向，于是就给她报了一个拉丁舞班。开始可滢很不喜欢上拉丁舞课，总是躲在大家的后面。回家后，妈妈就问可滢："你不喜欢跳舞么？"可滢说："我喜欢，可是……我觉得我有点胖，跳舞的样子一定不好看。"妈妈对可滢说："妈妈不觉得你胖呀！而且你在课上的表现也很好啊！你要对自己有信心。"可滢向妈妈点了点头。后来，妈妈找到了舞蹈老师，希望老师能够多多夸夸可滢。

在妈妈和老师的帮助下，可滢的拉丁舞越跳越好，舞姿日渐优美，而且也比以前瘦了一点。后来，可滢还成为了领舞。家里来了客人，可滢会非常自信地向人展示她的舞姿。妈妈看到现在的可滢，打心底高兴。

自信的女生，不一定天姿国色，不一定闭月羞花，甚至可能相貌平平，但她拥有谁也无法夺走的自信，瞬间便变得光彩耀人，变得淡雅高贵。无论在什么场合，自信的女生都是最耀眼的明星，而且永远不会因为容颜的衰老而失去自己的魅力。

也许您的女儿不够完美，但世上哪有真正的完美！让女儿坦然地接受自己，积极地收集构成自信的元素，把自卑扔出天空外。让女儿把自己的本色发挥得淋漓尽致，让她的生活过得充满灿烂阳光。

2. 女儿内心充满阳光，笑得才美丽

微笑是一种绝妙的和谐分子，是一个人内心充满阳光的外在表现。美丽的微笑有一种神奇的力量，比如真诚的微笑可以化解朋友间的矛盾；友善的微笑可以拉近与陌生人的距离。但这些微笑的前提是人们内心要充满阳光，因为只有内心充满阳光的人，才会发自内心的微笑，让人感受到生活的快乐。北大女生的微笑是美丽的，因为内心充满阳光所以她们的微笑更加灿烂。

据北京师范大学的一项调研表明，全国有中度心理行为问题的小学生比例占小学生人数的16.4%、初中生占14.2%、高中生占14.8%，有严重心理行为问题的小学生占小学生人数的4.2%、初中生占2.9%、高中生占2.5%。

父母在养育女儿的过程中，除了关心她的身体健康，是不是还应该注重女儿的心理健康。在生活中，女儿会不会因为一点点小事，就变得郁闷、愤怒、自卑等？如果您的女儿情绪这样不稳定，就说明了父母对女儿心理教育出现了盲点。女儿的成长需要父母的呵护，只有让女儿的心灵沐浴在阳光下，她才能够感到世间的温暖。

幸福的生活会让女儿对未来充满希望。而一个内心灰暗，放弃自我的女生是不会露出灿烂的微笑的。父母的爱就像一缕阳光，去照亮女儿的心田。父母爱女儿，就要走进女儿的内心世界，去感知她心灵深处的独白，只有这样才能给女儿带来希望，带来快乐，带来勇气，让她用微笑迎接美

好的生活。

微笑是人们最富有感染力的表情。人们的每一个微笑都应该是发自内心的，因为只有心在笑，脸才能笑得灿烂。人们能够内心充满阳光，就具有了一种精神力量。这种精神力量包含了宽广的心胸、百折不挠的意志和化解痛苦的智慧。内心充满阳光的人，才会笑得美丽，才会感受到现实的阳光。如果人们意志消沉，满腹牢骚，那他的生活如何美好？

内心充满阳光的人会拥有一份自信的笑容，对别人同样是一种鼓舞。内心充满阳光的人总是能够看到生活中积极的一面，相信自己能够克服一切困难，能够在逆境中笑得依然灿烂。内心充满阳光的人能在社会生活中更好地激发自己的潜能，实现个人的人生价值。

父母要让女儿做一个内心充满阳光的，让她相信自己是优秀的，只有这样她才能够昂起头，露出笑脸。父母告诉女儿：生活并没有欠你任何东西，所以没有必要总苦着脸，女儿应对生活充满希望。女儿因为内心有阳光，不由自主地表现在脸上——微笑。她的自信而美丽的微笑总是容易获得比他人更多的发展机会，总是容易取得成功的。

父母要想让女儿内心充满阳光，应该让她学会不抱怨。首先，父母要学会控制自己的情绪。在现实生活中有很多父母遇到一点小事就会怨气冲天、牢骚满腹，并把这种坏情绪带到家中。只会抱怨他人和社会对自己不公平的父母，是不会培养出乐观、自信的女儿的。因为经常抱怨的人缺少一份感恩的心，他们不会看到生活慷慨的赐予，他们只有自我、怨恨、自卑的内心感受。

在家里，父母不要把自己遇到的不顺心事表现给女儿。父母要从自己做起，做一个内心充满阳光的人。对人对事少抱怨，少计较自己的得与失，多宽厚，多谅解，多感恩，多付出，多看别人的长处。父母要让女儿明白：一个牢骚满腹的人，长大以后他只会看到生活中的阴暗面而不知道从平凡的生活中去寻找快乐。

小羽是个刚上一年级的小女生，一天，小羽回到家后闷闷不乐，爸爸问："小羽，今天怎么好像不高兴啊？"小羽气呼呼地说："今天学校大扫除，我和豆豆一起擦一块玻璃。玻璃擦得很干净，但是老师只表扬了豆豆，却没有提到我的名字。我也有份啊？"爸爸笑笑说："玻璃是你们一起擦的，老师表扬豆豆，不就等于是表演你了吗！"小羽还是有些不服气地说"可是，老师为什么不提我的名字呢？""老师可能一时忘记了，豆豆能够受到表扬一定有你的功劳。爸爸相信小羽是最能干的。不要生气了，爸爸不是告诉过你吗，做人不要斤斤计较，只要你做得好，做的对，别人就一定能够看到的。你有没有这种自信啊？"小羽是个要强的女生，听了爸爸的话说："我当然有啦！"爸爸说："那就不要生气了，小羽撅起嘴的样子不好看，还是笑一笑吧！"小羽听了爸爸的话，不再生气了，咯咯地笑起来。

女儿少了抱怨，心情会变得舒畅、愉悦。只有女儿的心情好了，才能感受到更多的恩情和幸福，才会发自内心地微笑。女儿在与人相处的时候，就会少抱怨老师、抱怨同学、抱怨那些不足挂齿的小事情。进而多一份宽容、少一份抱怨；多一份大度，少一份计较；多一份奉献，少一份索取。女儿内心充满了期望和美好，对生活会更加充满自信，自然会笑得美丽。

社会上，没有人会喜欢抱怨者。喜欢抱怨的人，只会被他人孤立。内心充满阳光的人才是自信的、快乐的。没有抱怨，只有微笑，不仅是一种平和的心态，更是一种非凡的气度，一种超俗的境界。父母要让女儿明白，与其抱怨黑暗，不如用自己的心点燃人生的蜡烛，照亮成功之路。

3. 女生要相信自己能感染身边的人

北大女生是自信的、坚强的、乐观的，她们相信自己的力量能够征服身边的一切，相信自己的力量能够感染周围所有的人。因而父母要帮助女儿树立自信，不妄自菲薄，时刻保持乐观，相信自己有一种力量，有一颗向往天堂的心灵，能够感染别人感受快乐。不管遇到什么样的情况，都不要让女儿留在原地顾影自怜，要相信自己不比别人差。

自信是成功的基石，是一个人对自身力量的高度认可，是女生成长过程中的精神核心。自信是一种良好的心理品质，也是一个人克服困难、自强不息、取得成功的内在动力。女生因为拥有自信，会激发自身的其他优点，从她的身上散发出一种感染力，比如乐观、开朗、热情、活跃等。她拥有了自信，就获得一半成功。

父母要让女儿勇敢地张开双臂，来拥抱绚丽多彩的生活。女儿只有直面生活，才能够用心来审视自己。生活会让她学会坚强，朋友会让她懂得友情，家庭会让她感受到温暖。这些都可以成为她追求幸福的力量，并在自信的推动下传播给身边的人。但如果女儿是一个内心荒凉冷清的人，别人必然会与她保持距离。

妈妈发现悦悦上了初中以后变得不爱说话了。妈妈问她学校里的事情，她都回答说："还行。"而且，悦悦也常常表现出自怨自艾的样子。

一天，妈妈带悦悦去逛商场，看到一件漂亮的裙子，妈妈对悦悦说："你觉得漂亮吗？"悦悦点点头。妈妈又说："你喜欢，妈妈就买给你。"悦悦摇摇头说："我不要，我穿了也不会好看的。"说完，悦悦就走开了。妈妈追上去问悦悦："你怎么这么说自己啊？"悦悦说："我们班里就像选美比赛一样，女生一个比一个漂亮。我们班里的每一个女生都知道该怎么打扮自己，可我长得又矮又胖，脸蛋也不漂亮，没有一处优点可提。我再怎么打扮自己，也不会有多漂亮的。我不愿意与那些漂亮的同学交往，我担心他们笑我长得太丑。我和他们在一起会感到更加自卑。在学校组织什么活动，我一般都不会参加。我不愿意参加这样的集体活动，就算参加了，我也总是独自躲在一边，根本没有人注意我。我长得不漂亮，穿什么也没有用。"妈妈先从女儿的神态和言语中感到了女儿的自卑。

几天之后，妈妈对悦悦说："悦悦，能不能请你帮个忙，妈妈真的很需要你的帮助，可以吗？"悦悦勉强地点了点头。

"是这样，周末家里要来客人。你要帮我招呼客人，妈妈还要忙着为大家准备晚餐，一个人忙不过来。"接着，妈妈拿出了几天前在商场看到的那条裙子，对悦悦说："为了答谢你，妈妈把这条裙子送给你。周末的时候，悦悦就穿上它吧。"

悦悦听后，显得很不安。妈妈继续鼓励她说："不用紧张，你穿上这条裙子一定会漂亮的，而且照顾客人并不是一件难事，比如说，看见谁的茶杯空了，就给他端一杯；要是太闷热就开开窗户通通风什么的。"悦悦终于同意试一下。

在周末这天，悦悦穿着那件裙子按照妈妈的嘱咐，尽心地照顾客人，客人们也都很喜欢悦悦，夸奖她是一个懂礼貌、会照顾人的漂亮姑娘。而且，悦悦还和客人家的女儿成为了好朋友，笑容也多了。

女生产生自卑感，就会给她的人际关系造成障碍和困扰。悦悦就是一个自卑的女生。悦悦的自卑感使她不愿与别人多多接触，这样也许能够掩饰住她的一些缺点，但同时她也失去了展示自己和带给他人快乐的机会。

这样下去悦悦因缺少自信，而缺少快乐，甚至开始自暴自弃。

在妈妈的帮助下，悦悦找到了自我。她也可以像其他的女生一样衣衫得体，笑容可掬，充满了女生本应该就有的活力。当悦悦放松自己的时候，会把轻松的感觉传递给身边的每一个人。她尽心尽力地照顾大家，也受到了大家的欢迎，她的付出也收到了回报。恢复健康心态的悦悦，找到了自信与快乐，并且交到了新朋友。她不再是孤单的一个人，她可以用自信的心态去吸引别人接近自己。

进入青春期的女生，她们已经开始有意识地关注自己和他人。她会拿自己和他人进行比较，当然这种比较不仅仅局限在外表上。有些女生认为自己在某些方面不如他人自己瞧不起自己，如果她不能够正确地化解这些"自己被比下来"的事实，就容易产生消极情绪。每一个人对自己都或多或少带有一些不恰当的认识，何况是小女生呢！父母要做一个有心人，当发现女儿过多地对自己进行否定从而产生自惭形秽的情绪时，父母应该理解她的感受，倾听她的心事，安抚她心中的郁闷。

快乐的心情是可以传递的，你快乐，身边的人也会跟着你快乐。女儿能够把快乐传递给他人，快乐就变成了两份。父母要教育女儿怀着愉悦的心情来对待自己——也许今天你是只胆怯的丑小鸭，但终有一天会变成美丽的白天鹅。今天女儿身上还有着很多的缺点，但不能因此而忘记享受快乐。父母要让女儿对自己有信心，这样她才会从内心到外表发生变化，变得渐渐充满魅力。看到女儿的笑脸，父母心里也甜甜的。女儿的笑是最有感染力的，能让每个做父母的都开怀地笑。

第二十一堂课

尊重女生青春期的小秘密

"我悄悄蒙上你的眼睛，让你猜猜我是谁……"，每个北大女生都曾经历过这样一段美好而又苦涩的青春岁月，但在自己的努力和家长的正确指引下，她们都顺利地度过了那段泪水、焦躁、任性陪伴的岁月。随着女儿渐渐长大进入青春发育期，生理上的成熟会引起心理上的变化。这时的女生开始有了自己的小"秘密"，不想把什么都告诉父母。这在青少年时期是很正常的现象，有了隐私是女生长大的一个重要标志。这个阶段父母应该放弃自己的权威角色，充分理解女儿的行为，否则会造成亲子关系的紧张。

1. 引导并帮助女儿解决早恋问题

　　早恋是青少年在成长过程中遇到的一个比较常见的问题，好多北大女生在这个阶段曾经遭遇过这样的问题，但在父母的正确指导和自己的努力下，他们都顺利地克服了困难，度过了那段苦涩的岁月。现实中好多父母都被"女儿早恋了怎么办？"这个问题所困扰。此时，父母最需要的就是保持冷静的头脑，让女儿明白早恋不是真正意义上的恋爱，只有能够"战胜自己，超越自己"的女儿才能最终走向成功的殿堂。

　　当今社会的女生，一方面要面对学习上的激烈竞争和父母过高的期望；另一方面，她们在家庭中总是处于从属地位，在成年人眼里永远被看做孩子。父母与女儿之间的话题大多是学习，女儿有委屈和烦恼却无处诉说，业余文化生活又是那么贫乏，所以她们只有在同龄人中寻找知音和安慰，在生理发育的本能意识驱使下，便导致了早恋的产生。

　　发现女儿与异性朋友的亲密交往，甚至有身体的亲密接触，如何帮助女儿控制自己的冲动，引导并帮助女儿解决早恋问题？这是摆在父母们面前的一道难题。责备、批评和隔离非但不能奏效，反而会起到相反的效果。父母应该多腾出时间和女儿进行交流，多给女儿一些爱。

　　一位母亲非常担心自己的女儿早恋。她说："女儿已经14岁了，和班里一个男孩的关系特别亲密，男孩经常接送她上下学。有一次，还从楼上看见女儿和那男孩手拉手，搂搂抱抱的，俨然一对'情侣'，同学们也都说他们两个在谈恋爱。"于是等女儿回家后，这位母亲开始盘问她是不是早恋了。女儿倔强地跟她对峙，着急的母亲真担心女儿的下一步发展，不禁潸然泪下。

这位妈妈为女儿前途着急的想法可以理解，但不要轻易给女儿扣上"早恋"的帽子，也不要刻意贬低女儿的感情，更不要有意攻击对方的人格。父母应当尊重女儿和朋友的友谊，并真心接纳他们，明白女儿对于友情的取舍该由她自己决定。

都说女儿是妈妈的贴心小棉袄。妈妈可以跟她分享想法，尽量争取女儿能跟母亲说心里话。要跟女儿讨论这种亲密感情给她带来的利与弊，如何让这种感情更有利于她的发展，并与女儿分析越轨行为可能带来的后果。最关键的是，母亲要相信女儿有能力处理好自己的事情，鼓励她，并让女儿知道无论怎样父母仍是最爱她的。

爱是凡事包容，凡事信任。如果女儿真的是早恋了，父母不应该一味苛责，生硬压服。这样做往往适得其反，导致不良后果，到时候后悔都来不及。所以，针对女儿的早恋，父母应该控制、调整自己的情绪，通过跟女儿谈心了解情况，以真诚的态度让女儿说出心里话。然后帮助女儿分析利弊，把解决问题的主动权交给女儿。当然，父母也不能全部放手不管，父母要随时观察，注意了解女儿状况，并及时正确地指引。父母要始终保持真诚、坦率、关切、严肃、认真的态度。同时，父母要认识到，处于青春期的女儿向往和异性交往，是青春期身心发育的必然结果，跟女儿讨论这样的问题时应尽量避免使用"早恋"这两个字眼。

作为父母，不能总是向女儿灌输异性交往的害处，而要客观公正地承认异性交往的益处以及异性间互补的巨大作用。只有这样，才具备跟女儿谈论异性交往问题的前提，也才能对女儿进行正确引导。父母要教育女儿学会尊重对方的人格和意愿，不能向对方提出无理要求，强迫对方服从你的意志，注意不要随意干扰别人的学习和生活。

　　青春期是学习自律的关键期，成功的异性交往取决于自觉遵守规则。青春期正常的异性交往益处多多，父母应支持引导。而对女儿最好的引导，是帮助女儿制定交往规则，教女儿学会自律。遵循异性交往规则，能够避免很多烦恼、事故、危机、犯罪等，使女儿平安健康地度过青春期。

　　父母还可以跟女儿共同讨论媒体报道的案例或某些电视电影里的情节，各抒己见，增强女儿自我控制的能力。自控能力是建立在正确的知识观念基础之上的。女儿在异性交往中善于自我控制，可以避免许多麻烦和不良后果。父母应该开诚布公，跟女儿讨论与异性交往的有关问题。不必有什么禁忌，只要女儿感兴趣，都可以摆到桌面上讨论，必要时还可以查阅书刊或请教专家。

　　现如今，社会环境复杂多变，青少年在成长道路上与异性交往中也会面临形形色色的人和事，如果缺乏判断力，或被表面现象迷惑，看不到本质，就可能被负面东西欺骗或侵蚀。这就需要父母教导女儿学会抗拒诱惑，明辨是非，正确选择自己的成长道路。一方面，父母在对待婚姻家庭、异性交往的态度行为上应该给女儿做出榜样；另一方面，不要以为女儿看到、听到的都是正面的东西，就不会出问题，关键还是引导女儿学会自主选择和自我保护。

　　有些父母忙于工作，或只注重女儿的学习成绩，忽视女儿的身心健康，不跟女儿沟通，父母不能成为女儿的感情归宿，不能做到真正地爱女儿，那么女儿就会在异性身上寻找"爱"了，造成不好的后果就为时已晚了。所以父母要经常跟女儿聊天，增进彼此的感情。更重要的是能及时把握女儿的心理脉搏，发现问题及早疏导，及早解决。

2. 女儿收到情书了

几乎每个女生都曾经有过那么一段难忘的时刻，当她们情窦初开，当她们第一次收到异性的情书，她们一时不知所措，这是大多数孩子都要经历的一个阶段，但是她们的父母在这一关口都采取了正确的方法和女儿沟通，帮助女儿、树立正确的恋爱观，健康地成长。现实生活中父母可能会遇到这种情况，面对女儿的情书，该怎么办？对女儿刨根问底，打杀堵截，还是坦然处之，与女儿公开讨论呢？当然是选择后者的父母比较英明。

还未走向社会的女儿，面临的最大任务就是学习，可是干扰学习的外因也有很多，情窦初开是父母无法阻止，更无法回避的现实。但是，怎样引导和帮助女儿走出误区，可能是隐藏在每对父母心里的一块心病。回避只是一时逃脱，不仅不能解决问题，还有可能造成不可挽回的后果。

所以，父母们应该正确地面对，冷静思考，不要轻易怀疑自己的女儿，认为女儿早恋了，必定带来不好的结果。其实她们可能根本不知道什么是恋爱，有时候无非是一些无知的效仿。因此，父母的态度应该明确，要相信自己的孩子，她们其实比父母更聪明。

刘女士说，她的女儿姗姗今年15岁了，刚上初二。有一次，她在给女儿收拾书包时，无意中发现了一封信，出于好奇，她打开一看，原来是一个男孩写给女儿的情书，信的内容非常唯美：当我第一次看到你的倩影，就被你深深地吸引，请你给我一个机会，让我做你的护花使者……她当时

还没看完信，脑袋就"嗡"地一下，既气愤又无助。"当时我愣了半天，想立刻把女儿拉过来，好好教育她一顿，但又怕适得其反。于是我又悄悄地将那封信放回了女儿的书包内。这件事压得我好几天睡不好觉，但还是想不出好的办法。"

未经过女儿允许，父母最好不要动女儿的东西，否则女儿知道后很可能产生反感情绪，不利于父母和女儿以后的沟通。父母不宜侵犯孩子的隐私。

另外，父母发现别人给自己女儿写的情书后不要大惊小怪，坐立不安，要冷静下来好好思考一下女儿最近有没有什么异常的举动，然后跟女儿坦诚沟通。初中生所谓的谈恋爱大都没有明确意识，更没经过深思熟虑，许多女生都是模仿电视电影中的情节，或者受其影响，就想一试身手，还有的女生是出于对异性的好感和友谊，这里边绝少有性的成分。父母应该充分相信自己的女儿，他们只是一般的往来，没有更深的目的，属于正常现象。

父母对女儿早恋的问题应该十分自然地开导女儿。父母不应直接指责这事多么不应该，多么可耻，多么不道德，最好能间接说明这一问题的利弊。同时要注意，开导女儿的时候不要激动，要自然温和，要果断有力，让女儿知道这事没什么神秘的，更不是见不得人或者大逆不道的。

某重点中学16岁的高一学生静静这几天坚决不去上课，强烈要求老师给她换班。无奈之下，妈妈只好带她求助心理医生。

在心理医生的开导下，静静才透露："在上学期期末，接到同班男生的一封情书。"

据静静的老师和同学说，她不仅从来不跟男同学接触，甚至很怕他们注意自己。静静说，刚上高中时，她发现男同学似乎都喜欢盯着穿得鲜艳的女同学，从此她只穿深色衣服，配眼镜时也挑了一个黑框的大眼镜，"我不想他们喜欢我。"

在交谈中，静静多次提到"妈妈说过早恋了，成绩绝对下降，考不上大学。"她妈妈也承认。初三时，因为担心孩子早恋，考不上重点高中，有几个月天天强调这事。

父母担心女儿早恋影响学习是一种关心女儿前途的表现，但像静静的妈妈这样，未免有些关心过度。妈妈没有认识到男女同学之间的友谊和帮助有利于女儿思想的健康成长。在妈妈频繁的暗示下，女儿对男生产生了一种"本能"的拒绝，以至于在收到同班同学的"情书"之后，极度抗拒和反感，甚至产生强烈的"换班"想法。这样的思想不仅不利于女儿的正常学习和人际交往，还会造成女儿性格的孤僻。

收到情书，说明女儿优秀，有值得别人赞赏的地方，父母应该高兴才对。父母应该正确对待女儿收到情书的问题，平时就应该从生活上多关心女儿，让女儿多了解一些男女同学之间的正常友谊，帮助女儿形成一个健全的人格。

父母要跟女儿做知心朋友，跟女儿共同探讨"情书"事件，让女儿放开思想，远离自卑和不安，正确对待男女同学之间的关系。同时让女儿了解一些生理知识，让其自主将青春期的冲动控制在一个底线范围内。

情窦初开与女儿本身所处的年龄段有关系。处在青春期的女生，本身有一种逆反心理，特别需要和别人沟通，需要别人的爱护。所以，父母要多与女儿沟通，让女儿愿意将自己的小秘密与父母分享。这样就会避免很多可能的"危险"。

3. 帮女儿浇灭心中的狂躁之火

　　北大女生是成熟的女生，自制力很强的女生，她们"不以物喜，不以己悲"，冷静地处置着自己遇到的事情，而这种成熟的表现和自制力的形成则需要在生活中逐渐养成。当女儿还处在身心成长的阶段，缺乏起码的自制力，遇到一些事情容易激起她情绪的变化。当女儿狂躁不安时，父母要采取合理的方法积极引导女儿，这就要求父母先要自己保持冷静，以静制动。

　　狂躁的女生就像不服管教的小马驹，总是"炝蹶子"，动不动就发火。

　　其实，发火是正常人基本情感的一部分，它和先天的气质有关系。无论是谁遇到气愤、不满时，就会表现出愤怒，这都是很正常的。但是，如果一个女生经常爆发怒火，表现出狂躁不安的情绪，缺乏最起码的自制能力，那么就是一种不良的行为了。

　　女儿之所以狂躁，是有其必然的心理原因的。比如，父母对女儿过分溺爱、对女儿期望值过高、成人的"示范"作用、女儿缺乏同情心等，都会导致女儿出现狂躁情绪。也有的女儿是因为心中长时间积聚了不满，想借发火来发泄。一个人是否有自制力，是其人生和事业成败的重要因素之一。如果一个人没有自制力，就是在日常生活中也会出现很多问题。

　　林娜是某中学初一的学生，升入初中以前，她是个快乐的女孩，热情，大方，成绩优秀。但现在，林娜却像变了一个人，不光成绩下降了很多，而且经常稍有不顺心，就对父母大动肝火，甚至又哭又闹，还摔东西，有时甚至跟同学吵架，同学们都不敢接近她了。父母怎么劝说都不行，拿她实在是没有办法了，经常为这事整晚睡不着觉。

相信每一位父母都碰到过女儿大发脾气的情况，尤其是女儿刚刚要独立的时候。一般来讲，女儿发脾气的行为会随着年龄的增长而减弱。所以，如果女儿爱发脾气，经常出现"狂风暴雨"，父母也不要轻易下结论说自己教子无方或女儿有心理问题，并且为此心神不宁。

每个女生狂躁的原因是不同的。但不管她为什么会狂躁、发脾气，父母都必须对其进行矫正，要让她明白这种行为毫无意义，既不能帮助他克服困难，逃避责任，也不会使父母改变主意。

面对女儿的"狂风暴雨"，父母最好的策略就是以静制动。在女儿情绪狂躁的时候，父母首先要弄清楚女儿为什么会出现这种情绪；其次要了解女儿是怎样通过发脾气来表达需求的，然后积极与她进行沟通，了解和满足她合理的需求；最后再明确地告诉她：即使她的要求因此得到了满足，她的这种行为也是不受欢迎的。

父母在弄清楚原因之后，要帮助女儿浇灭心中的狂躁之火，有以下几种途径可以参考。

（1）表达对女儿的爱。

面对狂躁的女儿，父母一定要保持头脑冷静，因为狂躁的父母会让女儿更加狂躁。要想让女儿安静下来，父母要注意自己的语言，温柔、平静地跟孩子对话。如果女儿大吵大嚷，那么你不能和她一样，否则只能增加她的狂躁。父母也可以试图靠近女儿，可以通过抱抱她，或者其他身体上的接触来表达对她的抚慰，这样可以使气氛缓和下来，让女儿感受到父母的爱和关怀。

如果女儿是因为生病而发脾气，父母就需要对她表示关心，要理解她的心情。当女儿能控制自己的情绪时，父母要及时有针对性地表扬并鼓励她。比如上次她发脾气时摔东西了，而这次虽然她也发了很大的脾气，但却没有摔东西，就应该表扬她，这样下一次他的自控能力可能会更强一些。

（2）培养女儿的宽容心。

宽容心是一个人必须具备的宝贵品质，也是成熟的标志。要从小培

养，女儿只有懂得宽容别人才会获得他人的尊重和信任。在与同学相处中，如果女儿能有一颗宽容心，都会为他人着想，就能避免许多不必要的冲突。父母要培养女儿的宽容心，凡事抱着一种大事化小，小事化了的谦和心态，遇到问题学会宽容忍让，"退一步海阔天空"。

（3）转移女儿的注意力。

转移注意力是缓解女儿狂躁情绪的一种很好的方法。当女儿发脾气的时候，放点轻音乐，可以起到镇静的功效，同进还能够把女儿的注意力吸引到音乐上。如果父母发现音乐转移法行不通，感觉女儿的情绪越来越烦躁，可以跟女儿一起玩她平时喜欢的游戏，或者给她讲个故事，或者把她带到户外呼吸一下新鲜的空气，这些对她情绪的平静都有帮助。

（4）不予理会。

有时候女儿会想试探父母或者为引起父母的注意而故意发脾气。此时父母应该弄清女儿的心理，并坚定"立场"，不要因为女儿发脾气而对她百依百顺。如果她发现控制父母没有指望，就会自己安静下来。女儿有不合理的要求，因为得不到某件东西而大发脾气时，千万不要为了让她安静而满足她的要求。如果她一发脾气就能得到想要的东西，以后她就会更随心所欲地乱发脾气，甚至一次强于一次。发展到最后，父母就对她没有办法了。所以，不要理会女儿无理取闹时所说的话或所做的事，要让她明白，哭闹没有用，只有好好说话，你才会注意听。

（5）"隔离"政策。

当女儿脾气正发时，可以先让她自己待一会儿，并告诉她，等她静下来时再找你。等女儿平静下来后，再问她原因，和她谈发脾气的事。如果女儿在商店或者学校门口大哭大闹，只要平静地把她带出来就行了，不要当时就问她原因。

总之，父母在帮助容易狂躁的女儿时，要时刻牢记，不要在女儿发脾气时跟她理论，那时她肯定一句话也听不进去。父母采取隔离政策，也就是等事情过去了，女儿心情变好时，再找她谈话，效果会好一些。

第二十二堂课

女儿，你可要擦亮眼睛

北大女生是非常理性的，她们从不会轻易相信事物的表面现象，他们已经习惯了通过事物的表象而分析事物的本质，她们用心去观察周围的人和事，而不仅仅是用眼睛，因为生活告诉他们眼睛看到的并不一定是真实的。随着女儿的成长，她会接触越来越多的人。在这些人当中，既存在着善良的人，也不可避免地有着坏人。父母要提醒女儿交朋友时要擦亮眼睛。虽然社会有很多好人好事，但是做人也不能太过天真，要学会保护自己。

1. 别忘了培养女儿的是非观

北大女生是理性的，她们从不盲从，有着正确的是非观。作为父母，应该把正确的是非观念灌输给女儿，引导和启发女儿去思考和探究事情的对与错、好与坏、美与丑，知道什么是该做的，什么是不该做的，有自己的分析和判断，不为他人的错误言行所影响。使女儿渐渐地形成牢固的正确的是非观念和良好的行为习惯，最终成为一个有益于社会的人。

当女儿来到这个世界，她天真无瑕地如同一张白纸。这张纸将会被绘制成什么样，是需要她自己完成的，但是最初的几笔需要父母的帮助。所以，在女儿的成长中，父母有着相当重要的作用。正确的是非观就是父母给女儿上的不可缺少的一堂课。什么样的是非观决定着女儿今后成为一个什么样的女生。父母培养女儿拥有正确的是非观，让她具备分辨是非的能力，可以避免她做错事，和好人做朋友，不与坏人同流合污。

不过，有的父母还没有意识到是非观对女儿健康成长的重要性，或者知道培养是非观很重要，但认为女儿还小，不必过早给女儿上这堂课。女儿自出生起到七岁的年龄段属于幼稚期，是她的人生最重要的一个时期，比如习惯，语言，技能，思想，态度，情绪都要在此时期打下一个基础。若这个基础打得不稳固，那么培养女儿健全的人格就不容易了。因此，幼稚期的教育是女儿成长的最基本教育，也是她最重要的一个教育历程。

"同意"让女儿树立是非标准。女儿生来是无知无识的，是非分辨不清，好坏不明，所以需要父母纠正她的行为。当女儿要做一些错事的时候，父母要给女儿一个明确的回答，也就是"同意"或者"不同意"。父母用这种方式告诉女儿，那些可以做，那些不可以做。父母态度让女儿有了一定的认识，强化了女儿对某一事情的看法。

面对不同年龄的女生，父母要采取不同的否定招式。面对0—2岁的女生，父母可以直接地告诉她这件事情不能做。因为这个年龄段的女生语言功能还不完善，如果父母对她讲比较复杂的道理的话，她会听不明白。父母直接对女儿说"不可以"或是对她摇头就可以达到教育效果。

面对2—4岁的女生，父母要学会"冷处理"。这个阶段的女生开始有了自我意识，她有时候会反抗父母的否定。面对这个阶段的女生，父母可以"冷处理"，避免采用强硬的手段。当女儿大吵大闹的时候，父母先简单说清楚自己的观点，然后做自己的事情，对她的哭闹行为不予理睬。或者父母先不去理睬她，等事后再同她讲道理。父母要让女儿从自己坚决的态度中了解到，哭闹是没有用的。反之，如果一哭闹父母就妥协，那女儿永远不会意识到自己做错了什么。

面对4—6岁的女生，父母可以向她讲道理。这个时期的女生在心理特征上处于一个过渡期，正从"自我中心"发展到认识周围的环境事物。同时，女儿在语言上的智能也有了相当地提高。父母这时就可以采取"讲道理"的方式来同女儿沟通了。

父母在培养女儿是非观的时候要避免出现两个错误：

（1）父母给女儿的是非标准不一致。父母不能因为今天心情好，便纵容女儿；明天心情不好，便对女儿严格。父母的反复无常，会让女儿无所适从。父母也要注意自己的行为对女儿的影响。比如，父母教育女儿不要和一些不务正业的孩子做朋友，可是父母本人经常和朋友玩麻将赌博，很晚还出去喝酒等等。父母的这些行为严重地混淆了女儿对是非的认识。

（2）对女儿的错误认识，父母的情绪要适中。有的父母对女儿的错误

抱无所谓的态度，总认为女儿长大了就会明白，这是非常错误的观点。比如，女儿开始拿别人的东西可能是一时疏忽或欲望所致，但幼小的女儿辨别是非的能力是很差的，她很难意识到这种行为是"偷窃"，久而久之将形成难以纠正的不良品行。

另外，有的父母对女儿的错误行为过于大惊小怪，甚至用打骂惩罚来进行所谓的纠正，这种做法不能产生任何积极的教育效果，只会损伤女儿的自尊心。如果父母一味地批评而没有表扬，女儿分不清什么是"是"什么是"非"。这样变得对"是与非"含糊不清，所以稀里糊涂做了很多"非"的事，又在含糊中分不清"是非"。总是受到父母批评的女生，会产生这样的想法：我不明白到底怎样做才对？我怎样做都不对。我的父母根本不知道我到底想什么。

父母要客观地评判女儿的行为。当女儿做对事情的时候，父母就要给予他肯定，与她讨论，强化她对"正确"的感受。父母还可以加上一些身体语言，比如摸摸女儿的头，向她笑一笑，抱一抱她等等。父母通过表扬女儿对的行为去肯定她"是"的观念。反之，父母也可以通过批评女儿错的行为去让她知道和分清"非"的观念，这样女儿就会慢慢明白"是与非"的区别。

培养女儿正确的是非观需要父母在平时生活中慢慢地引导，逐步形成。这是个长期而持久的过程，要求父母们从实际出发，从小事做起，从点滴做起，时时提醒，刻刻注意。父母切不可忘记是非观对女儿成长的重要性，因为成才必先成人。让女儿拥有一个正确的是非观比学习书本上的知识更重要。父母只有培养女儿正确的是非观，才会帮助她成长为心地善良、思想健康、品德高尚的优秀女生。

2. 父母要提醒女儿不要太过天真

北大女生是天真的，但在天真的背后你又能发现她们的睿智和处事的老练。生活中女儿是父母的掌上明珠，家中的小太阳。可是，由于女儿受到的保护太周全、太严密，社会活动范围又非常有限，所以遇上突发事件时应变能力很差。同时，女孩儿容易受诱惑，不能分辨哪些是好人，哪些是坏人，容易上当受骗。所以父母应教育女儿不要太过天真，要用自己的头脑理智地分析周围的人和事，以免上当受骗。

人之初性本善。女儿来到这个世界上，心灵是纯洁无瑕的、天真烂漫的，所以她不会对谁怀有警惕，也不会想去伤害谁。女儿天真本没有什么不好，天真烂漫的女生是可爱的，但是女生太过天真就会给她带来麻烦。

女儿年龄小，思想单纯，自我防范意识很差。面对社会上形形色色的陌生人，如何正确对待他们，分辨好人与坏人，既有礼貌又注意防范，是那些涉世未深的女生迫切需要掌握的。

父母要告诉女儿生活中既有好人，也会有坏人，而且坏人也不是从外表上就可以看出来的，所以，父母要让女儿有自我防范的意识。首先，父母要让女儿拥有正确的是非观，用是非标准来判断，哪些人是好人，哪些人是坏人。女儿要离那些坏人远一些，提防这种人伤害到自己。其次，在平时的生活中，多多给女儿讲一些生活上的事例，来提高她处理问题的能力。

放学了，校门口出现了一个陌生的阿姨，对潇潇说："你家里有急事，你妈妈现在不能来接你，她让我来接你回家，你快跟我走吧。"

潇潇看着面前这位陌生的阿姨，想起了妈妈对自己的叮嘱：不要轻信陌生人的话。潇潇对陌生的阿姨说："我不跟你走，我要在这里等妈妈。"阿姨又追问："为什么不跟我走呢？真的是你妈妈叫我来接你的。"潇潇说："我又不认识你，干吗要跟你走？"阿姨对潇潇说："我真的是你妈妈的朋友！"潇潇气呼呼地说："我不跟你走，万一你是坏人怎么办？"

生活中有很多被人拐骗走的孩子都是因为轻信了陌生人的话，没有一定的防范意识。在面对陌生人的时候，潇潇态度坚决地表示不和陌生人走是对的，很明显妈妈对她有过教育，而且这种教育对女生来说是非常重要的。但从另一个方面上讲，如果潇潇遇到的阿姨真的是妈妈的朋友，那么她是不是有些不够礼貌了呢？其实，潇潇可以向老师求助，让老师帮助自己分辨对方是好人还是坏人，这是一个最稳妥的办法。父母在教育女儿要有自我防范意识时，懂得拒绝陌生人的要求，还要学会向周围的人求助。社会上毕竟是好人多，而且女儿向他人求助时，也会吓走那些居心不良的人。

善良的女生是可爱的，但父母要提醒女儿不要让坏人利用自己的善良。世界上不仅有好的人和事，也有着很多丑陋的事物，而且很多丑陋的事物都有着一个美丽、善良的外表来掩饰自己。父母要让女儿学会思考，看问题不要只看表面，要学会有深度地思考。

蕾蕾已经7岁了，是一个善良的女生。

一天，妈妈带着蕾蕾走在街上，遇到一个年轻人向路人乞讨。蕾蕾看到这个年轻人穿着破烂的衣服，满脸污垢跪在那里，心里十分不好受。她拽拽了妈妈的衣角，看着妈妈。妈妈明白了蕾蕾的意思，但妈妈却说："你是想让我给他点钱么？"蕾蕾点点头。妈妈说："可是我不打算给他一分钱。"蕾蕾有些着急说："那妈妈借我点钱吧！10元钱。"妈妈说："好吧，但是你要帮妈妈做一个星期的家务来抵消这10元钱。"蕾蕾和妈妈达成了协议，把10元钱交给了乞讨者。

回到家后，妈妈问蕾蕾："你觉得那个人真的需要帮助吗？"蕾蕾说："是呀，你看他的样子，穿得破破的。"妈妈说："可是，那个人年轻力壮，不像是没有生存能力的人啊！"蕾蕾沉默了。妈妈接着说："电视上经常报道，有的人不找一份正常的工作，而把乞讨当做自己谋生的手段。那个年轻人在路上向行人要钱，就是一种好吃懒做的表现。蕾蕾，你觉得这样的人值得同情吗？"蕾蕾也没有了底气："不会的，我看他不像。"妈妈说："蕾蕾看人不能只看外表，你现在不是正在学上网吗？你可以去网上看看有没有这样的事情。不过，蕾蕾你是一个善良的孩子，你要是想帮助人可以通过别的途径。上次，你们学校不是还组织为希望工程捐钱了吗？"蕾蕾好像明白了一些，说："做人要靠自己的力量生活，什么都等着别人给是不对的。"妈妈笑笑拍了拍蕾蕾的头说："在这个社会上需要帮助的人很多，蕾蕾乐于助人，妈妈是很高兴的。不过，你答应妈妈做家务的事情可不能改变，它算是你为成长交的学费。"蕾蕾也不好意思地笑了。

父母在教育女儿不要太天真的时候，不要过多地强调危险性，这样容易让女儿对他人产生恐惧感，甚至影响她的交际能力。父母只要把客观的事实讲给女儿听，引导女儿思考，才会让她不觉得焦虑。父母要让女儿相信，世界是美好的，不要因为某些事而否定其他的美好。

随着女儿的长大，社会上形形色色的人将会进入她的生活。今天社会上，越来越多的欺骗、绑架、拐卖等事发生，父母让女儿有自我防范的意识，可以尽量降低一些危险。父母也不要对女儿娇生惯养，让她吃点亏也是有必要的。父母要培养女儿的判断能力，多给女儿讲一些自我防范方面的知识，让女儿平安地长大成人。

3. "不要因为寂寞谈恋爱"

"为爱而恋爱"是北大女生的恋爱观，她们不会因为一时的无聊、寂寞去随意的接受别人的爱或向别人示爱，爱情在她们的眼里是神圣的。"女儿谈恋爱了"永远是父母最关心的话题。青春期的女生出现早恋问题是女儿走向成熟的表现，父母只需要积极引导女儿，就不会影响她的学习和成长。但是，父母一定要培养女儿正确的爱情观，告诉女儿要为"爱"而谈恋爱，而不是为了寂寞。

女儿正处于青春期，性生理和性心理发育得日渐成熟，使她对异性情不自禁地产生了好奇和好感、爱慕和追求。这是一种正常的心理需要，但是女儿的年龄毕竟还小，是非观念淡薄、自控能力差、意志薄弱、自我保护意识不强等，在处理情感问题上极易受到伤害，影响到自己的成长。

父母对女儿早恋既不能不加分析地盲目禁止，也不能放纵或任其自由发展，要理性地思考和对待，关注女儿的心灵，使正处于青春期的她身心得到健康发展，愉快地度过黄金时光。父母了解女儿早恋的原因，对症下药才是聪明的父母。

一天，王女士在为女儿洗衣服的时候，从衣服的兜里发现了一张小纸条。王女士看到纸条后，一下子觉得心神意乱。原来纸条上写着女儿和一个男生的对话。

"要是我们能时刻在一起就好了。"女儿说。

"那不可能，你爸妈才不会让你出来玩。"男孩说。

"我们做同桌两年了吧？"女儿问。

"嗯，现在我是你的朋友中最重要的人。"男孩在纸上画了个笑脸。

……

王女士的女儿今年12岁。她想不明白女儿这么小的年龄怎么会谈恋爱了。晚饭的时候，王女士凑了过去，试着跟女儿聊学校的事情。问了几个日常性的问题后，王女士把话题转到了同学关系上，问及女儿和同桌之间的事情。

"嗯，很好啊，我们是无话不谈的朋友。"女儿立即炫耀说。王女士沉不住气了，扔出纸条，大吼，"这是怎么回事？你在谈恋爱吗？"

女儿一下子愣住了，眼泪吧嗒吧嗒地掉了下来。"他对我来说很重要。"

爸爸把小卿拉到了书房，安慰了好一阵，她才安静下来。女儿对爸爸说："同桌是她的谈心对象。自己平常受了委屈遇到困难都会给同桌写纸条，同桌对于她来说，是很重要的人。"女儿有些埋怨地说："你们平常都不管我，为什么现在翻看我的东西？"

听了女儿的话，爸爸才意识到自己对女儿太过严厉，很少和她沟通。女儿没有从父母那得到关心，就从同桌那里得到了补偿。

女儿在家中是孤独和寂寞的，父母除了供她吃穿上学外，从不关心女儿在想什么。父母对女儿的忽略，让女儿只能从同桌那里得到一些关心。王女士的粗暴干预，激起了女儿更大的反应。其实，严格来说这位女生并没有早恋，她与同桌之间可以说是一种友谊，是互相倾诉的对象，只是父母单方面地强化女儿对于早恋的认识。

现在的女生大多是独生子女，她们是幸福的一代，但在情感上也是倍感孤独的一代。快节奏的城市生活让更多的父母忙于自己的事情，忽略了本应给予她们的更多关照。另外，她们在家庭中缺少与之年龄相仿的友伴，所以她们更加渴望友情，渴望与同龄人有更多接触的机会，用从同龄

人那里得到的安慰来弥补家庭中缺失的感情。寂寞的生活环境使她们强烈需要友情、需要朋友的关心和帮助。

所以父母注意建立和培养亲子关系，让女儿感受到父母的爱、家庭的爱，这是最重要的。而且，请父母们调整观念，异性之间也可以做知心朋友，父母不要给女儿乱扣帽子，给女儿心理造成阴影。异性之间的友谊不是可耻的，父母应该鼓励女儿结交异性朋友。

当女儿处于青春期时，父母应该和女儿讨论"爱情"，不要觉得不好意思。父母和女儿良好的沟通有利于父母了解女儿的想法，引得女儿树立正确的爱情观。人与人之间是因为有了"爱"，才走到了一起。而因为寂寞才去恋爱，是一种不负责任的态度，因为爱是需要承担一些义务和责任的。父母还可以和女儿探讨人生的意义，树立生活远期目标。让她认识到，因为寂寞而谈恋爱不是真正的爱情，而且在这一时刻她还有好多重要的事情等着她做，不能只为了"假爱"，而将人生别的要点全盘忽略。

女儿正处于青春叛逆期，父母要学会保持冷静、细心观察、了解现状。父母过激的态度，只能把问题加剧，父母不要总是希望能够控制女儿的行为，父母控制越紧，女儿反抗越厉害。父母所表现出的乐于沟通，心平气和的态度，会让女儿把父母当成朋友，也是对女儿关心的最好体现。父母要多给予女儿温暖和关怀，要让女儿感受到，她对父母的重要。父母对青春期的女儿要足够的关心，才会避免女儿因为寂寞而谈恋爱。

父母对女儿进行情感教育是必不可少的。女儿没有得到正确的情感教育，不利于她的健康成长。父母对女儿放任自流不可以，严防死守不现实，与其让女儿走弯路或者错路，不如及早加以引导和教育，培养女儿良好心理品质，通过"爱"的知识传播，使女儿保持天然的美丽和纯洁，引导她树立正确的爱情观、婚姻观，远离孤独和寂寞，塑造完美人格。

第二十三堂课

女生要学会装傻，少些欲望

　　北大女生是一群有思想、有内涵的女生。她们就如天使、精灵一般地闪现着自己的美妙与光彩，但是她们有时看上去又有点"傻"，而这也正是她们的聪明所在，因为她们已深刻地理解"木秀于林，风必摧之；堆出于岸，流必湍之；行高于人，众必非之"的道理，深知学会韬光养晦、收敛锋芒才是最聪明的为人处世之道。在生活中父母要告诉女儿，做人不可以太张扬，但在现实的生活中可以试着装装傻，不要自己承载太多的欲望，懂得知足常乐，这样可以保护好自己，不会锋芒太露，不会树敌太多，不会招人忌恨，自己也会活得轻松快乐。

1. 女儿，做人不可以太张扬

> 北大女生总是低调做人。她们显示出一种修养、一种风度、一种文化、一种优秀女人必需的品格。如果女儿没有这样一种品格，过于张狂，就如一把锋利的宝剑，好用而易折断，终将会以悲剧收场，无法在社会中生存。因而父母要教育女儿不要太过张扬，不要让他人觉得自已太危险。

现在很多父母的教育观念发生了改变，他们不再强求女儿是一个"乖女生"，给了她很大的民主，不压抑她的个性发展。对女儿张扬个性的培养没有错，但是父母在教育女儿要把握好一个度。

在全年级卫生评比中，因为一男生的个人行为给班级扣了分。老师也批评了男孩错误的行为，事后班上几个小女生"合伙"打了男孩一顿。班主任知道后，感叹道："现在的女孩子太不像话了，为啥这样'野'呢？"

从家庭教育来说，父母对独生女儿的教育"匠心独具"，只要有机会就让女儿高调亮相，展示自己张扬个性。而对儿子的教育，往往就是"不要淘、不要闹"，久而久之，男生越来越腼腆，女生越来越张扬。父母在教育女孩张扬个性的同时，应把握好一个"度"。

家庭教育是一门科学，而不是全靠经验，父母不能片面地理解某一教育理念。教育女儿张扬个性本没错，但父母必须给女儿框定一个范围，什么该做什么不该做，更应该"张扬"的是谦虚、自爱、尊重别人这些美德。

过于张扬，烈日会使草木枯萎；过于张扬，滔滔江水将会使大堤决堤；过于张扬，好人也会变得疯狂。父母让女儿不张扬，要从小培养她的良好性格。父母要告诉女儿什么叫做不张扬。不张扬就要自我约束，将个性引到正确的方向上来，而不是故步自封。父母还要告诉女儿为什么做人要不张扬。

（1）张扬来自一种心理幻觉。凡是比较喜欢张扬的人，容易自我膨胀，总是自我感觉良好。如果自己再取得了一点成绩，更会认为自己了不起。父母要告诉女儿过分地张扬会让她自大起来，看不到他人身上的优点，局限在自己的小圈子了。父母要告诉女儿，把心态放低，做人要学会"减法"。

（2）张扬是一种不自信。父母要告诉女儿做人应该更本色，过分张扬是一种虚假的繁荣。从表面上看，张扬者好像不可一世，处处在显示自己的优越，甚至张扬者自己都会认为很了不起，技高一筹，但如果能真正深入到他们的内心世界，人们便会发现他们的内心是空虚的。

父母要培养女儿谦虚的性格，取得了一些成绩，不要自吹自擂。有的人唯恐他人没发现，埋没了自己的才能。女生成为这样的人，肯定会遭到他人的厌恶，而不是敬佩。而那些真正自信的人，就是有了巨大的成就，也总会觉得自己的成绩微不足道，不值一提。真正的成功者是不会把自己的出类拔萃挂在嘴上。一个人要想获得成功，应该少做些浮夸事，多做些实实在在的事情。

（3）过度的张扬会使女生失去威信。如果总是过分地张扬，从心理上说，她是不自信的，且把一些不足挂齿的东西幻觉化。为了显示自己高人一等，常常会炫耀或者夸大自己的成绩，以强调自己在某方面上的优势。父母要告诉女儿：无论取得怎样优异的成绩也不要在他人面前夸夸其谈，否则会让她的人际关系变得紧张。实际上，人们是最讨厌那些张扬的人。

因为，人与人相处的时候都会有一种奇特的接受心理现象：一个人多些谦虚，少些张扬，他人会对他报以尊敬。如果一个人自我感觉太好，自我炫耀多于实事求是，他人便会对他报以不屑。一个人是否得到他人的尊重，不仅仅要看他所取得的成绩，还要看他的人品。

父母培养了女儿不过分张扬的个性，就是让女儿学会了为人处世的原则。示人以弱乃生存竞争的大谋略，低姿态是收服人心的资本。人不能太张扬，张扬实际上是一种狂妄。太张扬的人容易招人嫉妒，招人白眼，甚至会在不知不觉中引来不必要的麻烦。

"不张扬"是一种自我保护的方式，也是一种人格魅力。即使女儿已经满腹才华、能力比别人强、也要学会藏拙。父母要让女儿以平常心做人，以进取心做事。每个人真的应该做到遇喜不行于色，遇哀不忧伤于心，宽容平淡才是真。父母让女儿不要过分地张扬，她才能够遇事不喧闹、不矫揉、不造作、不惺惺作态、不卷入是非、不招人妒忌，才能在激烈竞争的社会走向通往成功的阳光大道。这既是做人与做事的标准，也是做人与做事的诀窍。社会是一个密切相关、不可分割的整体，免不了会与人相处。让女儿不要给自己招引麻烦，结合自己的实际，掌握做人做事的准绳，方能平坦顺利地走好人生之路。

2. 有些事，女孩要学会知足常乐

北大女生是知足的、快乐的，她们深知"知足常乐"的深刻含义。其实知足与不知足之间只有一线之隔，幸福的人只记得一生中满足之处，不幸的人只记得相反的内容。在生活中父母要告诉女儿，知足与不知足只在自己的一念之间。让女儿能够满足自己拥有的，简单从容地生活着会更快乐。生命本就是在生活中萌发的，不论酸甜苦辣都是其中的一部分，只要心胸豁达，生活就不会排斥。自然，生活也就会快乐无限！

人的一生，会遇到很多人很多事。快乐与忧伤都会伴随每一个人的一生。人生很短暂，要让自己的人生充实，拥有良好的心态很重要。凡事自私、不知满足的人，任何事情发生在他身边，他都会用一种消极的心态来对待，都将不满和怨恨记在自己的心，不从对方的角度看问题，总认为错误的全部是对方。这样的人看不到自己的错误，对待生活有着许许多多的不满，并且会把自己不快乐的责任推卸到他人的身上。有这样心态的人会活得很累。

父母为了女儿能够快乐地成长，就让她学会知足常乐吧！女儿懂得知足常乐才会珍惜眼前的生活，才会懂得感谢自己所拥有的一切。生活中少了一些怨恨，多了一些欢笑。为了培养女儿知足常乐的心态，父母不要事事满足她的要求。女儿的要求总是可以得到满足，她就不会在乎自己已经拥有的，而是不断地寻找没有的东西。

有一个小孩子，在他很小的时候，经常去一棵大树下玩，大树也常对他说："让我们一起开心的玩吧！"每一次那个小孩都答应了。

有一天，小孩长大了，不再是原来的那个只知道玩的孩子了，可是大树还是对他说："让我们大家一起玩吧！"孩子说："不，我现在不想玩了，我想要玩具，你能给我吗？"大树说："我没有玩具，我只有果实，你可以摘去换成钱去买玩具。"孩子很高兴的把果实摘了下来，换成了玩具。

又是很多年过去了，小孩子长大成人了，并且有了自己的家庭，这一天他又来到了大树下，大树还是对他说："让我们一起玩吧！"孩子说："不，我现在有自己的家了，我需要房子，你能帮我吗？"大树说："我没有房子，可是你可以把我砍了，做你建房子的材料。"孩子照它说的做了。于是，大树就只剩下了一个树桩。

就这样，几十年过去了。这几十年中，风也走过，雨也走过，当初那个孩子也成了一个老人。这一天他又来到了大树前，大树对他说："我现在什么也没有了，我帮不了你了。"老人说："我现在什么都不要了，我只想休息一下。你能帮我吗？"大树说："那你坐下吧！"老人坐在了树桩上。就这样，大树用他的全部，帮助了这个孩子，可以说，它为这个孩子付出了它所有的一切。

这棵树比喻成养育女儿的父母，那么这个孩子就是被父母照顾的女儿。父母为了女儿的一生，付出了太多太多的心血，但是父母却忘记给了女儿一个知足常乐的心态。女儿不懂得知足常乐，对待把自己抚养成人、不求任何回报的父母，会提出越来越多的要求，并且不知道感恩。

父母因为爱女儿可以不求回报，但当女儿长大成人，她的脾气、性格、思维等都已经形成，必然对社会上的人也有着很多的要求，可社会上的人是不会像父母那样纵容她。这时女儿会被他人孤立，把自己推向绝境，而且不明白问题出在哪里。

生活中父母是不是遇到过这样的场景：女儿年龄已经不小了，虽然不很调皮，但这样那样的小毛病还是有的，比如：爱挑食；觉得衣服不漂亮；觉得自己表现好，但埋怨老师不表扬自己……父母要让女儿用开阔的心胸和宽容的心态去面对生活，不仅自己快乐，而且还能把这种快乐带给别人。知足不仅是为了给自己一个生存的空间，而且是给了自己一条走向成功的道路。

知足与贪婪之间只有一墙之隔。父母让女儿学会知足，就给了她一份平静、安详、达观、超脱。这两者之间是有一个"度"的问题。"度"就是分寸、是智慧、更是水平。父母要让女儿对已有的应多加珍惜，没有的可尽力争取，但不可过于贪求。生活中充斥着浮躁和虚伪，让女儿心中一定要淡泊和真诚，才不会被外在的诱惑所蛊惑。

父母让女儿在生活中珍惜属于自己的那一小部分，其中也蕴含了幸福的成分。比如，拥有阳光，拥有亲情、拥有爱情等等。人的一生有太多忙不完想不完的事，面对疲惫的生活，父母让女儿停下来，调整自己心情，在适应中学会享受生活，给身心放个假。

今天的社会无时不在竞争名利权财，永嫌不足，争得到的趾高气扬，争不到的怨恨颓丧。如果您的女儿有着知足常乐的生活态度，她永远会乐呵呵地过日子。这不是胸无大志的表现，而是一种聪明的减压方法。

当女儿对生活感到不满的时候，父母可以帮她设定一个目标，不必是一个很高的尺度，只需要比眼前更高的标准。对待生活的态度，就是量力而行，不属于自己的东西不可求。使人疲惫的不是远方的高山，而往往是鞋里的小沙粒。走在人生的路上，女生有必要学会随时随地地倒出鞋中的小沙粒。知足常乐，女儿才会活得更轻松。

9. 女生，放弃过多的欲望

　　我国伟大的思想家荀子曾说过："人生而有欲。"人性中的欲望是与生俱来的，它是与人们的生活形影相随的。人如果没有欲望，生活就没有了乐趣，就失去了前进的动力。然而这种欲望并非是无穷尽的，它需要跟每个人的具体能力相适应。北大女生也有欲望，但是她们的欲望是理智、是能够通过努力实现的目标。父母在教育女儿时应该不要让女儿有太多的欲望，不要好高骛远，要把欲望控制在自己力所能及的范围之内，这样欲望才能够达到满足，女儿才能体会生活中的乐趣和生命的价值。

　　人都有欲望，贫穷的人想变得富有，低贱的人想变得高贵，默默无闻的人想变得举世瞩目……这是无可非议的，但是太多的欲望会让人失去生活的平衡点。世界上，美好的东西实在太多了，人们总是希望得到尽可能多的东西，其实欲望太多，反而会成为负担，还有什么比拥有淡泊的胸怀，更能让自己充实满足呢？

　　如果一个人总是有很多的欲望，就会诱惑着他不停地去追求物欲的最高享受。然而，过度地追求欲望往往会使他迷失生活的方向，就像《渔夫和金鱼的故事》里面的老妇人。因此，凡事适可而止，放下过多的欲望，才能把握好自己的人生方向。

　　人生在世短短几十年，本来就是一无所有而来，一无所有而去。名利荣耀不过是过眼云烟，浮华一世，梦幻一场。苦苦追求过多的欲望，结果到头来，劳心伤身，耗尽一生一场空。又何必苛求？父母为了女儿的将来，让女儿学会坦然面对生活，过着云淡风轻的日子也是幸福的。另外，欲望过多会让人觉得危险，不仅容易让自己处于危险当中，而且也会让一些人远离自己。父母不如让女儿对待生活中的某些追求显得"傻"一些，女儿可能会交到很多真诚的朋友。

培养女儿克制欲望的能力是父母的责任。在女儿对社会的适应能力的成长中，不容忽视的是其在物质欲望上的控制能力。比如，父母要控制女儿的消费欲望。

现在社会的物质越来越富足，很多小女生都有不少零花钱，父母不应霸占女儿的零花钱，而是让她自己来处理，但是不能放纵她的消费行为。父母要培养女儿正确的消费观，面对自己喜欢的东西能够保持冷静。还有一些女生没有一定的消费能力，就会向父母要钱，如果父母不满足她的要求，她就会又哭又闹，父母要是觉得没有必要，就态度明确地告诉女儿。因为父母无限制地给予女儿满足的话，便无法培养她对欲望的控制能力。为了控制女儿克制欲望的能力，父母给女儿规定一个合理的数目，同时指定一个零钱日。比如，女儿希望的礼物比较贵重，父母不要随便买给她，可以在生日或者节日的时候送给她。

杨萌是一对经商夫妇的独养女儿。父亲非常溺爱她，女儿想要什么就给她买什么。母亲因此感到担忧，对孩子父亲的做法曾表示过反对，但却遭到了责备："家里也不缺这点钱，女儿想要什么就买给她好啦。"

可是，当杨萌上了中学之后，便开始变得非常喜欢赶时髦、爱打扮起来，并交上了同样爱时髦的朋友。这时父亲才感到不对劲儿了，赶紧控制女儿的零花钱，然而已经为时太晚。没有克制力的女儿，一旦看见想要的东西就怎么也忍不住，甚至偷偷地从父母的钱包里取钱买东西。后来父母发现了，对女儿的零花钱管理得更加严格。为了换钱，杨萌就把家里值钱的物品拿出去变卖。而且因此还结识了非法团伙，很快地她就陷了进去，

常常夜不归家……

为了培养女儿对物质、金钱的克制力，父母有必要给女儿树立这样一种观点：虽然即刻不能得到，如果忍耐的话，通过自己的努力终能达到目的。

父母要让女儿明确自己的需要。让女儿学会仔细考虑自己究竟喜欢什么东西，并知道应该有计划地买东西。面对那些包装精美的商品，父母要教女儿学会控制自己的欲望。比如，女儿想去吃肯德基，父母要告诉女儿油炸食品对身体不好，不能买。如果女儿一定要去吃，也适当地延后满足她的要求。父母适当地"冷处理"会给女儿一个思考的时间。

父母培养女儿的控制力的关键是，当女儿稍微有一点不满情绪时，父母不要怕，应该告诫她要忍耐。父母满足女儿的所有欲望，这会给女儿造成一种错觉：只要提出要求，父母总会满足自己的要求。女儿完全相信，父母可以满足女儿的所有要求；或者只要任性撒泼坚持到底，最后胜利肯定属于自己，自己总是比父母更厉害。

可以说，女儿总是如愿以偿，要求也就越来越多，欲望是没有止境的。在这种情况下，女儿的心灵变成了欲望的奴隶，造成一种自己不能控制自己的精神状态。对于这种情况，她自己也并不感到满足。相反，这种不满还将变本加厉地发展下去。很多人对金钱有着强烈的占有欲，为了钱财什么事情都愿意干，投机行险，贪赃枉法，玩忽职守，那么等待他们的也将是法律的制裁。

一个拥有正确心态的人，必然是一个有着自我节制能力的人，自然而然地避免了贪婪。选择淡泊，抛弃贪婪。父母要让女儿学会控制自己的欲望，不要让它无止境地发展，无止境地发展就会演化成贪婪，贪婪会使她的心智迷惑，在不知不觉中就失去了理智，最后落入痛苦的深渊。所以，女生不要做一个欲望过多的人，而是积极寻找生活中的快乐和美好，让幸福离自己近一点。

第二十四堂课

女生更要有处变不惊的理智

　　处变不惊就是当人在面对一些突如其来的困难或危险境况时，在情绪、行为及心理上都能以冷静、坚持和以积极的态度去处理，虽未至泰山崩于前而面不改色，然而却不会因问题的出现而造成惶恐不安。人的一生不可能永远无风无浪，一帆风顺，所以我们要慢慢学会处变不惊的生活艺术，这样无论发生任何事情，都能适当地有所择弃，趋利避害。北大女生都具有一种处变不惊的理智，她们善于思考、分析问题，又具有独自处理问题的能力。而这种遇事不慌、能用冷静的态度面对问题、审时度势地思考处理问题的能力是可以通过后天的教育实现的。

1. 女生做事情要三思

　　《论语》讲"三思而后行"，意思是指：人们要养成做事前多思考的好习惯。北大女生是善于思考、谨慎行事的女生，是理性胜于感性的女生。父母在教育女儿的过程中要锻炼女儿的思考能力，处理问题不能冲动，等掌握住了机会，就果断出手。父母让女儿懂得了做事三思的道理，可以让她在以后的路上走得更顺利，少犯一些错误。

　　父母教育女生做事三思，是希望女儿在面对问题的时候，能够保持冷静，仔细思考问题，再采取行动，避免犯那些小错误。当然，"三思"并不是胆小怕事、瞻前顾后，而是一个人成熟、负责的表现。"三思"与快速地把握时机并不矛盾，做事情要学会把握时机，同时在决策的时候还要多去思考。

　　没有哪个父母希望自己的女儿做事鲁莽，喜欢凭第一感觉，凭一时的冲动，结果由于考虑问题不周全，而犯了很多原本可以避免的问题。父母要让女儿明白"三思"对问题的成功解决有很大的帮助。让女儿学会做事三思会帮助她达到成功的彼岸，立于不败之地。

　　与"三思"相对的就是冲动。在日常生活中，每个人都可能有冲动时候，偶尔的冲动是可以理解的。但是，有些女生经常冲动，她们常常以突然的、强有力的、难以遏制的方式自发地行动，经常导致一些不良后果。虽然女儿还处于身心发育中，做事冲动是不可避免的，但是父母要小心女儿养成冲动做事的习惯。这种习惯是一种不成熟的表现，对女儿以后的人生会有不利的影响。比如，女儿的冲动会破坏她与周围人的关系，会影响到她的事业和前途。

父母要想培养女儿做事三思的习惯，首先应该避免女儿冲动行事。年龄小的女生做事冲动，是由于好奇心的驱使。

一位母亲总在不断地抱怨：3岁的女儿真让我头痛，不论是在家里还是在做客，她总是喜欢跑来跑去，大声喊叫，到处乱爬，无所不为。比如，她会瞪着大眼珠从桌子旁走到窗户边，然后又挪到了电脑前，动了一动想去碰电脑键盘，但突然又停住了，把双手藏到背后。或者是俯身去察看垃圾筐里的东西。女儿在做每一个动作的时候，她的妈妈神经都高度紧张。妈妈总是感叹：为什么我的女儿不能安安静静地坐上一分钟？她是不是哪儿不对劲？

其实，女儿的行为对她这个年龄段的孩子来说再正常不过了。她只不过是没学会控制自己的冲动，不能够预见自己行为的后果，看到感兴趣的东西就会马上跑过去看一看。她的行为都是凭着本能去做。这虽然是女儿的天性，但如果3～4岁的她无法静坐下来，不顾父母的禁令，抵挡不住诱惑，任何情况下都不愿意等待，那么她今后极有可能会惹麻烦。父母是女儿的第一位老师，有责任规范女儿的行为，应从小培养她冷静、三思的做事风格。

一个人会有冲动的行为，一般是由于个人的心理素质和生活环境造成的，只要父母和女儿一起努力是可以避免的，逐渐养成"三思"的做事风格。做事总是容易冲动，不懂得三思的女生，是由于心理还不够成熟。

首先，父母不能比女儿更冲动。父母是女儿的一面镜子。女儿处理问题的能力是从父母那里学来的，但如果父母就是一个急脾气，做事鲁莽，女儿也会有样学样，很难在面对问题时保持冷静。父母应该用实际行动来告诉女儿，做事三思对解决问题的好处。在今天这个社会，常常会出现很

多状况，做事三思可以很好地保护自己。

当女儿处于激动状态时，父母要尽量使她的精神放松。冲动是魔鬼，它会影响女儿的思考和判断能力。女儿在头脑"发热"时，最容易凭着自己的"第一感觉"作出反应，把问题加剧。父母只要想办法先让女儿冷静下来，精神上尽量放松，才能够冷静地思考。比如，父母可以让女儿换一下环境，从房间里面走到外面呼吸一下新鲜空气；可以翻阅一下书刊报纸、听听音乐……总之，应该尽量不让女儿的不理智行为突然爆发。冲动行为往往以愚蠢开始，以后悔而告终。

其次，正视问题，理智地分析。父母不要对女儿干预太多，要让她正视问题。女儿独自处理问题的过程就是学习的过程，在这个过程中她会获得解决问题的经验，学会思考和分析。父母让女儿置身于困难中，让她明白生活中会有很多令她不满意的事情，而且她没有必要、也不可能操纵一切事情。冲动行为一般是在碰到自己不满意的事情时发生。事实上对于不满意的事情，采取冲动行为往往会使事情变得更糟糕。父母要帮助女儿克服以自我为中心的毛病，当遇到不满意的事情时，不能感情用事去蛮干，而应该用理智来分析问题，在三思后用最好的方式处理问题。父母也应该让女儿能够接受他人的意见，来帮助自己的思考。一个人的能力是有限的，从他人的意见中获得有价值的内容，是一个帮助自己做决定的好办法。

再次，培养女儿的全局意识。全局意识体现了一个人广阔的眼光，对问题的统筹能力。这种能力不是短时间可以培养的，一旦形成就会对女儿终生受益。生活中有很多小事，都可以作为教育载体，关键是父母能否引导多角度地思考问题。而且女儿拥有了全局意识可以避免做一些冲动事，而影响最终的结果。

总之，随着女生神经系统的发育和心理水平的提高，以及父母的正确教育，女生自制力逐步发展，她的冲动行为是会相对减少，在面对问题时能学会冷静地思考。

$\mathcal{2}.$ 培养女儿分析问题的能力

北大女生具有很强的分析问题的能力，而这种能力的形成则需要长时间的培养与锻炼。分析能力不仅是女儿智力开发中的一项重要内容，也是女儿学习知识不可缺少的一种能力。只有把问题分析透，才能够学得更透彻。因此，父母应注重对女儿分析问题能力的培养。另外，女儿有了分析能力，才能够在紧急的状况中迅速地分析出问题的症结，以便快速采取措施，甚至会影响事件的发展。

女儿终有一天会长大成人，要独自面对自己的路，在人生路上她会遇到各种各样的绊脚石。如果女儿在面对问题时，不会思考，不会分析，茫然不知所措，她将无法成为命运的主人，不能控制自己人生的方向。这也证明了父母的教育是失败的。

在今天的社会，很多父母为女儿安排好了一切，能为女儿想的，能为女儿做的，父母都做了。但是，在父母安排下长大的女生却缺少了独自分析问题的能力。由此，培养女儿独立分析问题的能力是至关重要的。

父母培养女儿的分析能力可以从以下几个方面入手：

（1）游戏是培养女儿分析能力的好方法。对于那些年龄不大的女生，父母可以到商店中去寻找一些匹配游戏，这类可以锻炼女儿的分析能力、判别能力。这类游戏需要的素材非常简单，父母可以去找一些动物图片，如小狗、小猫、小兔、小鸡，以及骨头、鱼、萝卜、小虫等，然后问女儿："小狗最爱吃什么？小猫最爱吃什么？"让女儿根据动物的习性，把

食物与动物对应起来；也可放上些实物在女儿面前，如玩具、发夹、老花镜、剃须刀等，让女儿分一分哪些是爸妈用的，哪些是姥姥用的，哪些是她自己用的等。这些匹配游戏虽然看上去很简单，但是对女儿来说非常有帮助。父母一定要耐心地陪着女儿一起玩啊！

（2）重视女儿的每一个想法，用联想来培养她的创造力。女儿常常是思想活跃，有着很多新颖的思考和想法，甚至有些想法是非常超前的，当然也会有许多不合适的想法。父母要大胆地肯定女儿的想法，因为女儿的想法通常是基于对生活的分析。不要让女儿害怕，不要打击她的想法，有很多情况下，就在一念之间灵感就闪现了。

父母要学会给女儿设置问题，带着她思考问题，提高其分析问题的能力。

晚饭后，爸爸看见乐乐拿着纸和画笔坐在桌前，像是在想着什么。爸爸走上前去问："女儿，想什么哪？"乐乐说："老师让我们画一张关于春天的画。爸爸，春天的画是什么样子啊？"爸爸笑着说："你想想春天来了，天气会如何变化？植物又会怎么样？"乐乐经爸爸提醒一下子明白了，说："我要画河水融化了，岸边的柳树发芽了，还有野花……"

生活中到处都是可以用来教育女儿的教学素材，就看父母是不是善于把这些平常的事物利用起来。父母要多给女儿一个问题，不要告诉她结果，而是应该引导她开始思考。父母让女儿面对一些问题，就是在给女儿学习的机会。父母培养女儿善于思考，让她把思考作为一种习惯，遇到任何问题都要充分地分析。父母让女儿真正地去解决问题，通过这些方法，女儿就会很快长大。

（3）大自然为女儿培养分析力提供了很多的机会。父母在培养女儿分析能力时，要引导她从整体到局部有顺序地进行观察。比如，观察柳树时，先让女儿对柳树的特征有一个较为完整的认识，然后再分别观察柳树每一部分的特征，如树干、树叶、树枝是怎样的，形态如何。带女儿去植物园看看花草，春天来的时候，是什么花最先开，要让女儿数一数迎春花有几个花瓣，闻一闻桃花的香味等等。女儿有了运用多种感官的机会，视野开阔了，思维也会活跃起来。父母要在女儿观察之后，和她讨论看到的东西。比如花开花落与季节变化的关系等。父母的引导可以帮助和强化女儿对问题的理解，培养分析能力。

（4）培养女儿分析能力需要调动多种感官。培养女儿的分析能力要经过多"摸"、多"说"、多"动"、多"想"的过程。当父母带着女儿去分析一个真实事物时，不妨带着她摸一摸，只有摸了才能加深印象。父母要鼓励女儿把她摸了之后的感受说出来，根据女儿的讲述，父母加以指导。当涉及到动手时，父母要让女儿敢于动手操作。

父母可以让女儿去学习素描。女儿学习素描就是一个调动所有感官的学习和分析的过程。父母可以让女儿去摸一摸瓷器和石膏的区别。让女儿从不同的角度去观察，物体的阳面、暗面等。让女儿根据感受来分析事物的敏感交界线在哪里，影子是从哪里延伸出来的。女儿在充分思考之后，再把自己的分析表现在纸上。女儿在绘画的过程中，不断地重复着上面几个环节，随时修正自己的想法。学习素描不仅可以培养女儿的兴趣，而且还可以锻炼女儿的分析能力。当然，能够学习素描的女生一般年龄已经达到了6岁，那些不够6岁的女生可以去学习儿童画，来进行早期的智力开发。儿童画虽没有素描学起来那样专业，但并不影响培养女儿分析能力的效果。

女儿总有一天将独立地面对未来的社会，独立地面对一切问题。如果没有分析问题的能力，怎么能够处理好问题。父母可以给予女儿很多东西，但只有给了她分析问题的能力，才算是给予了她未来的一切。

3. 教女儿学会一些急救知识

对于一些生活常识或急救知识是每个北大女生都必须了解的，因为它能够在关键时刻救人救己，并且很好地保护自己。生活中父母对女儿照顾得无微不至，为女儿扫清一切危害。但是如果父母不在身边怎么办？所以，父母让女儿学习一些急救知识才是上策。这样可以使女儿在离开父母后也会很好地照顾自己，慢慢养成独立的生活习惯。

在国外的教育中，急救常识占有很重要的地位。比如，美国的急救培训课程已成为高中生的必修课，没学过的话就无法获得毕业文凭。而英国孩子更是从学龄前就开始学习自救了，幼儿园通过"过家家"等形式，让孩子了解急救知识和设备。而在中国孩子的急救知识非常匮乏。

人人与"急救"有关，因为谁都有可能遇到一些危机情况，甚至是意外伤害。父母不可能为女儿做到面面俱到，女儿总有离开父母视线的时候，所以，父母让女儿学习急救知识是非常重要的。救人不仅要讲究专业的方法，更需要争取宝贵的时间。父母应该让女儿学习一些急救知识，当遇到一些紧急情况的时候，能够第一时间救治自己，争取医护人员的到来。

在很多媒体上曾经报道过，几岁的小孩子看到母亲煤气中毒，懂得关闭煤气阀门，开窗通风，拨打120求救。这些孩子能够做到临危不乱，机智冷静地处理问题，充分说明了他们懂得如何帮助煤气中毒的人摆脱危险。反之，从来没有接受过这方面教育的女生，不仅无法帮他人摆脱危险，甚至把自己也置于危险当中。

为了女儿能够健康地成长，父母有义务教她一些急救常识。

割伤和擦伤

（1）清洗伤口。用肥皂及冷水洗净伤口，检查是否有残留物留在伤口中，祛除残留物确保伤口干净。如果伤口不清洗干净，不仅容易造成伤口感染，而且会在伤口处留下永久的疤痕。用干净的毛巾或消毒纸巾将伤口处的脏东西擦拭掉，这个过程会感到疼痛，但不可以忽略这个步骤。

（2）让女儿了解抗菌药膏。为伤口杀菌不要使用过氧化氢，因为过氧化氢虽能杀菌，但同时也破坏了帮助修复伤口的白细胞，减缓伤口的愈合速度。要重视杀菌消毒这一步，任何皮肤创伤，即使仅仅是轻微的擦伤，也可能成为细菌和病毒侵入的窗口。

（3）如果伤情严重可以使用纱布或绷带来包扎。一旦涂抹了抗菌药膏，伤口被密封好，大多数情况下会在八小时内就开始愈合。如果伤口比较大，出血快，或者伤口所在处经常和衣服摩擦，使用纱布或绷带便很有必要。如果是轻微的伤口，可以使用创可贴，并每日更换。

流鼻血

（1）头部应保持直立或稍向前倾。如果头部向后倾斜，血液会流入喉咙，容易发生窒息或呕吐。

（2）不要捏紧自己的鼻孔，而是改捏鼻子中间（鼻骨下面），通常需要用力捏20分钟左右。

（3）最好的冷却部位在人的嘴里。当鼻子流血的时候，可以在口中含一块冰，把冰顶在口腔上膛处，以减慢鼻部血液的流动。必须注意：这种方法会有不舒服的感觉，所以不是每一个人都是适用的。如果因为意外而造成的流鼻血，例如：被球打中，或和其他人发生碰撞，可以"冰镇"鼻梁，有助于减轻肿胀。

烧伤、烫伤

（1）牛油会将热量封在皮肤中，导致损伤加重。使用冰块同样毫无帮

助：孩子肌肤娇嫩，一热一冷的骤然变化会对皮肤造成更深层的伤害。使用皮肤麻醉剂和护肤品很可能引起过敏反应，会使皮肤更加难受。

（2）如果有衣物被粘贴在烧伤处，应当立即剥离衣物，因为衣物已浸满高温油脂，会继续灼烧皮肤。立即用凉水，注意不是冰冻的冷水，冲洗伤处至少5分钟。

（3）如无破裂的水泡，可以在烧伤处涂抹抗生素软膏，覆盖伤处，并用干燥的纱布绷带包扎伤口。如果水泡破裂或烧伤发生在关节处，尽早请医生帮助治疗，以免在皮肤上留下疤痕。

骨折

（1）不是所有的骨折都需要看急诊。在举高并固定住肢体后，等待一段时间，看看女儿不舒服的感觉是否会自行消除。如果2至4小时内，女儿感觉活动或走动时疼痛更加剧烈，则需要到医院去就诊了。

（2）遇到显而易见的折断的时候，女生应立即给医生打电话。不要移动身体，如果可能，把伤到的肢体用自制夹板固定住。夹板可用木片或折叠起来的报纸或杂志制成，放在受伤的肢体下面或侧面，用三角形绷带、皮带或领带缠住夹板和受伤的肢体。不要缠得太用力，不要用纱布或细绳子，否则会阻碍血液循环。

在女儿的成长过程中，或多或少都会遇到一些危险情况，父母很有必要教给女儿一些急救知识。此外，还要记住一些常用的报警电话：火警电话119、匪警电话110、急救电话120等等，说清楚自己所在位置。

关于急救知识有很多内容，这是一门大学问。在这里不能一一列举，父母可以去专门学习一些急救知识，看看那些有可能是女儿会遇到的，提前给女儿上一堂急救知识课。只有做到有备无患，才能够最大限度地减少悲剧的发生。父母们也不要觉得急救知识学起来很难，买一本书来学习一下，或者带上自己的女儿去一些专门的培训机构。为了女儿的健康成长，这门功课是不可以偷懒的。